ENTE DAS KOCHBUCH

MICHAEL KAMMERMEIER

Tre Torri

7 » **VORWORT**
9 » **EINLEITUNG**
10 » **IM GESPRÄCH:** Michael Kammermeier
220 » **ENTENTEILE**
222 » **REZEPTREGISTER**
224 » **IMPRESSUM**

APPETIZER

16 » **ENTENSCHINKEN** von der Brust
16 » **KNUSPRIGE ENTENFÜSSE**
17 » **SATÉSPIESSE VOM ENTENFILET**
18 » **GEBACKENES ENTENBRIES** mit Remouladensauce
19 » **ENTENLEBERPRALINEN**

RESTAURANT

28 » **GEHOBELTE ENTENLEBER** mit Kirschen, Sherrygelee und Kakaonibs
32 » **ENTENLEBERTERRINE** mit Aromen von süß bis salzig
36 » **ROH MARINIERTE ENTENLEBER** mit Artischocken, Trüffelvinaigrette und Micro Leaf Salat
40 » **GEBACKENE ENTENZUNGEN & LANGOSTINOCARPACCIO** mit Ananas, Fenchel, Quinoa und geeister Banane
44 » **ENTENLEBEREIS & TASCHENKREBSSALAT** mit Oliven, Artischockenchips, grünem Apfel und Brunnenkresse
48 » **ENTENBRIES & TATAR VON DER ROTEN WILDGARNELE** mit grünen Erdbeeren, Zitronengel, Gin und Joghurteis
52 » **PASTRAMI VON DER ENTENBRUST & GEMÜSESALAT** mit frittierter Hollandaise
56 » **TATAKI VON DER CHALLANS ENTENBRUST** mit Erdnüssen, Chili, Frühlingszwiebeln, Teriyaki und Pak Choi
60 » **GELIERTER ENTENBORSCHTSCH** mit Schmand und Kaviar
64 » **DUCK TEA, EISGEFILTERT, MIT PULLED DUCK-RAVIOLI** und Shisokresse
68 » **ENTENSCHINKEN & WARMES WALDPILZGELEE** mit Pilzen, Pilzerde und Rote Bete
72 » **ENTENEINTOPF MIT HERZ & MAGEN,** Gemüse, Wachteleiern und Grießklößchen
76 » **ENTENHERZEN** mit Wurzelgemüse, Senf, Malzbröseln, Majoran und Selleriepüree
80 » **GEBRATENE ENTENSTOPFLEBER** mit Räucheraal, Kirschen und Teriyakisauce
84 » **ENTENBRUST MIT HOLUNDERBLÜTENCURRYSAUCE**
88 » **GLASIERTE ENTENHERZEN & ST. PIERRE** mit Topinambur, Apfel und Bacon Dashi
92 » **ENTENGRIEBENKRUSTE AUF STEINBUTT** mit Petersiliencreme, Kohlrabi, Steinpilzen und geräuchertem Linsenjus
96 » **ENTENZUNGEN IN TERIYAKISAUCE & GEDÄMPFTER KABELJAU** mit Pak Choi und Reisbällchen
100 » **MAGRET DE CANARD »ROSSINI«**
104 » **GESCHMORTE BARBARIE MAIS ENTEN**
108 » **ROSA GEBRATENE CHALLANS ENTE**
112 » **CHALLANS ENTE** – Bohnencreme, Pfirsichspalten und Steinpilze
116 » **CHALLANS ENTE** – Sellerie, Pumpernickel-Knödel, Chicorée und Pfifferlinge
120 » **CHALLANS ENTE** – Kürbis, Rosenkohl, Kernöl und Zimtblütenjus
124 » **CHALLANS ENTE** – Blumenkohl, Radieschen, Senfkörner und Meerrettich
128 » **CHALLANS ENTE** – Maiscreme, roter Mangold, Erdnüsse und Blaubeeren
135 » **CHALLANS ENTE** à la presse

BISTRO

138 » **CHICORÉESALAT MIT GRIEBEN** und Blaubeeren
141 » **GEPÖKELTE ENTENMÄGEN & FELDSALAT** mit Radieschen, Blumenkohl und Meerrettich
142 » **ENTENLEBER CRÈME BRÛLÉE**
145 » **ENTENLEBERPARFAIT** klassisch
146 » **GERÄUCHERTES ENTENLEBERPARFAIT MIT STUD»ENTEN«FUTTER**
149 » **ENTENSCHINKEN IM PASTINAKENSÜPPCHEN** mit Haselnüssen und Petersilienpesto
150 » **ENTENTAGLIATA** mit Rucola, Parmesan und altem Balsamico
153 » **ENTENRAVIOLI** mit Spinat
154 » **TAGLIATELLE MIT ENTENRAGOUT** und Orangen
157 » **WOLFSBARSCH IM BANANENBLATT MIT ENTENFETT**
158 » **ENTENCONFIT MIT FLUSSZANDER**, Brokkoli und Rahmpfifferlingen
161 » **GEPÖKELTE ENTENMÄGEN & WALLER** mit Karotten, Graupenrisotto und Meerrettich
162 » **GLASIERTE LEBERN »BERLINER ART«** mit Püree, Äpfeln, Röstzwiebeln und Balsamico
165 » **ENTENGRÖSTL MIT NAVETTENSALAT**
166 » **PEKING ENTENBRÜSTE** mit Basmatireissud
169 » **SAUERBRATEN VON ENTENKEULEN** mit Erdfrüchtepüree, Mandeln und Rosinen
170 » **ENTENSCHASCHLIK** mit Backpflaumen, Perlzwiebeln und Petersilienwurzelstampf
173 » **CONFIERTE ENTENKEULEN** mit Bohnencassoulet
174 » **ENTENROULADE** mit Maiscreme, Maiskolben und wildem Brokkoli
177 » **PULLED DUCK**
180 » **CONFIERTE ARTISCHOCKEN IN ENTENFETT**
181 » **CONFIERTE ENTENKEULEN**
182 » **ENTENRILLETTES**
183 » **ENTENLEBERWURST**

FAST FOOD

188 » **POMMES IN ENTENFETT** – drei Variationen
189 » **ENTENBURGER**
191 » **GEDÄMPFTE BUNS MIT ENTE**, Erdnussbutter und Gurke
192 » **CLUB SANDWICH AUS SCHWARZBROT MIT ENTEN-BRUST,** Currymayo, Salat, Gurke, Tomate und Ei
195 » **ENTENWRAP** – Pulled Duck mit Hummus, Zsatar, Gurke und Tomate
196 » **FRIED DUCK** mit gelber Sweet Chili Sauce

BEILAGEN

202 » Brioche- oder Breznknödel
202 » Kartoffelklöße oder Gnocchi
203 » Kartoffelpüree
203 » Grießklößchen
204 » Maissponge
204 » Eingelegter Chicorée
205 » Krautsalat asiatisch
205 » Wirsinglasagne
206 » Spitzkohlsushi
206 » Rotkohl
207 » Rotkohlsalat
207 » Bananenchutney

GRUNDREZEPTE

210 » Entenpastrami
211 » Entenfond
211 » Entenjus
212 » Rotkohljus
212 » Rotkohlcreme
213 » Selbst gemachte Mayonnaise
213 » Eingelegte Senfkörner
213 » Trüffeljus
213 » Vinaigrette
214 » Brombeer-Shiraz-Kompott
214 » Brioche
215 » Gedämpfte Buns
215 » Spice Rub

VORWORT

Von der Idee eines Kochbuchs mit Michael Kammermeier vom Restaurant »Ente« im »Hotel Nassauer Hof« war ich sofort begeistert, war die »Ente« doch maßgeblich am Wiederaufstieg deutscher Spitzenküche beteiligt. Dort wurde nämlich in den 1980er-Jahren mit Hans-Peter Wodarz schon deutsche Küchengeschichte geschrieben. Dabei wurden neben den großen Weinen des gesamten Globus, allen voran die Spitzengewächse von Bordeaux, Burgund und Champagne, auch dem deutschen Riesling seine angestammte Position als einer der besten Weißweine der Welt zugestanden.

Aus einer anfangs vor allem geschäftlichen Zusammenarbeit unseres Weinguts mit der »Ente« ist über die Jahre eine zunehmend engere Bindung und heute sogar Freundschaft geworden. Die »Ente« ist für mich eines der führenden Restaurants in Deutschland und das gerade auch in der intelligenten Paarung von Speisen und Weinen, mit einem hochmotivierten Team von Küche und Service. Küchenchef Michael Kammermeier überzeugt mich seit Jahren immer wieder mit seiner einzigartigen Art, zu den großen Weinen der Welt und speziell zu denen des Rheingaus zu kochen. Auch sein Umgang mit den Großen Gewächsen und gerade mit gereiften Weinen ist bemerkenswert. Doch am meisten begeistert bin ich von seinem außergewöhnlichen Talent, sich als Koch auf große frucht- und edelsüße Weine einzulassen. Es gibt wahrscheinlich nicht viele Köche in Deutschland, die sich dieser Thematik so angenommen haben und dem Süßwein mit ihren Gerichten eine solche Bedeutung geben.

Daher freut es mich sehr, dass der junge Sternekoch mit diesem Kochbuch einen ersten Einblick in seine große Kochkunst gibt. Es ist ein wunderbares Buch entstanden, das die ganze Bandbreite seines Könnens dokumentiert und die große Kreativität und Vielfalt seiner Küche zeigt. Ein Buch zum Blättern oder Lesen und auch zum Nachkochen.

Ich bin mir sicher, das Buch wird auch Ihnen viel Freude und Vergnügen bereiten!

Bis bald in der »Ente« im »Hotel Nassauer Hof«!

Ihr Wilhelm Weil
Weingut Robert Weil

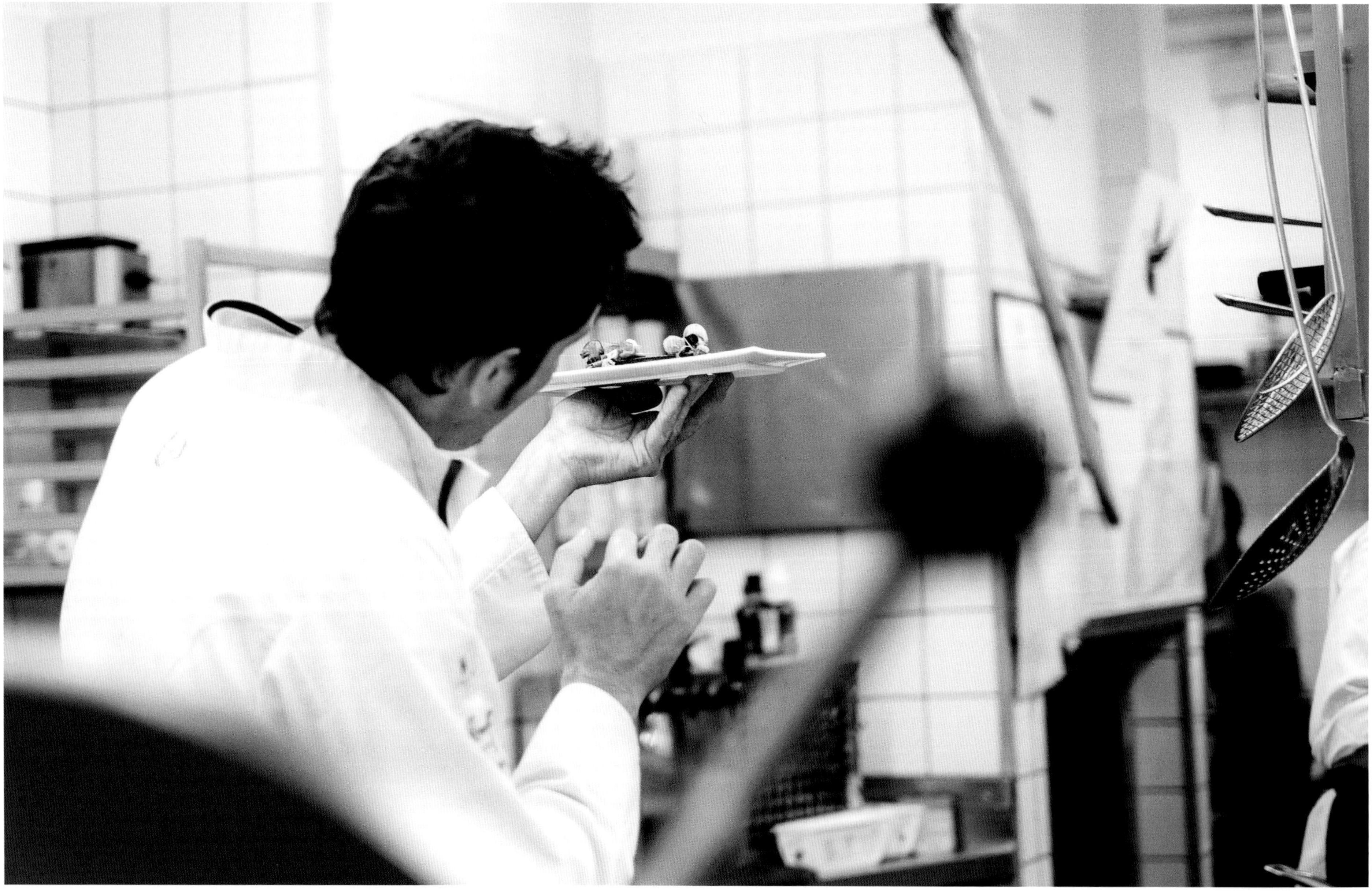

EINLEITUNG

Für die deutsche Gastronomie waren die 1980er-Jahre eine ganz besondere und entscheidende Periode. Nach der Zeit der übervollen Teller der Nachkriegszeit dämmerte am gastronomischen Horizont in Deutschland eine neue kulinarische Ära herauf, deren Innovationstreiber in Wiesbaden beheimatet waren. Die »Ente vom Lehel« im »Hotel Nassauer Hof«, dem bis heute besten Hotel der hessischen Landeshauptstadt, kann getrost als Primus inter Pares zwischen Restaurants wie dem »Tantris« und der »Aubergine« in München oder den »Schweizer Stuben« bezeichnet werden. Kein anderes Restaurant bot in Deutschland sowohl im Service als auch in der Küche ein ähnliches Niveau. Dieses Niveau fand seinen Gegenpol in einer der umfangreichsten Weinkarten Europas. Als damals erster Sommelier Deutschlands in der »Ente vom Lehel« darf ich mich glücklich schätzen, in dieser Zeit zum inneren Zirkel gehört zu haben. Und Teil einer gastronomischen Revolution in Deutschland gewesen zu sein, die schon damals auf der großen Küche von Hans-Peter Wodarz beruhte.

Umso überraschender ist es, dass bis heute kein »Enten-Kochbuch« erschienen ist, denn es gab Zeiten, da wäre ein solches Buch ein Muss gewesen. Es wurde dennoch nie in Angriff genommen. Das ist nur einer der Gründe, warum ich sehr stolz darauf bin, dieses Buch nun zu veröffentlichen.

Die »Ente vom Lehel« hat im Laufe der Jahre viele große Küchenchefs gehabt, die jeweils ihren eigenen Stil vertraten. Nach einer Reihe von Spitzenköchen wie Herbert Langendorf und Gerd Eis wurde der Stab an Michael Kammermeier, den heutigen Küchenchef, übergeben. Im Alter von 28 Jahren übernahm er als blutjunger Koch die Leitung der renommierten Enten-Küche. Seitdem konnte ich seine Entwicklung beobachten und verfolgen, wie er in seiner Kochkunst immer besser und konsequenter wurde und dabei seine Küchenklassiker wie »Garnelentatar«, »Gehobelte Leber« oder »Hummercarpaccio« erschuf. Wie kaum ein anderer beherrscht er die Verbindung von Essen und Wein, mit der er sich äußerst intensiv beschäftigt.

Das allein wäre Grund genug, ein Enten-Kochbuch zu machen. Doch Michael Kammermeier ist nicht umsonst schon mit seinen 36 Jahren eine der großen Persönlichkeiten der deutschen Gastronomie. Seine Art des Kochens beherrschen nicht viele, und wie er sich auf die Anforderungen einer Publikation seiner Kochkünste einlässt, ebenso wenige. Denn Michael Kammermeier entwickelt seine Rezepte von Anfang bis Ende, bevor er die fertigen Teller fotografieren lässt. Das erfordert eine intensive Auseinandersetzung mit dem Gericht, eine profunde Produktkenntnis und einen sicheren Sinn für die Inszenierung.

Michael Kammermeier steht noch am Anfang seiner Karriere. Jetzt dieses Buch mit ihm zu machen, ist deshalb wichtig, weil sein Kochstil die aktuelle Renaissance von Produktehrlichkeit und Authentizität widerspiegelt, die auch in Deutschland immer mehr an Bedeutung gewinnt. Mit diesem Buch gibt der Verlag den Startschuss für eine Kochbuchreihe, die der neuen »Sterneklasse« der besten deutschen Köche gewidmet ist – mit Michael Kammermeier als einem ihrer bedeutendsten Vertreter.

Ich wünsche Ihnen beim Blättern und Lesen, beim Nachkochen und Nachschmecken viel Freude, Inspiration und große Lust auf unvergleichlichen Genuss.

Ralf Frenzel
Herausgeber

IM GESPRÄCH: MICHAEL KAMMERMEIER

WOLLTEN SIE SCHON IMMER DIESEN BERUF ERLERNEN?
Das lag bei mir quasi auf der Hand. Mein Vater war Metzger und meine Mutter Gärtnerin. Frisches und gutes Essen gab es bei uns daher jeden Tag. Und auch das gemeinsame Essen war in unserer Familie sehr wichtig. Das hat mich wohl geprägt. Ich konnte mir irgendwie nichts anderes für mich vorstellen, ich wollte schon Koch werden, als meine Freunde noch Lokomotivführer oder Astronaut als Berufswunsch hatten.

WAS WAR DER AUSLÖSER FÜR SIE STERNEKOCH ZU WERDEN?
Zum Abschied nach meiner Lehre in »Neubrand's Stübl« bekam ich »White Heat« geschenkt, das geniale Kochbuch des britischen Sternekochs Marco Pierre White. Nachdem ich das gelesen hatte, wusste ich, dass ich auch dazugehören will.

HABEN SIE VORBILDER?
Nein, ein direktes Vorbild habe ich nicht, aber es gibt einige Köche, die viel dafür getan haben, dass sich unser Berufsbild verändert hat, die teilweise sogar dazu beigetragen haben, die Art zu kochen sozusagen zu revolutionieren. Davor habe ich großen Respekt.

SIE SIND JUNG KÜCHENCHEF GEWORDEN – FLUCH ODER SEGEN?
Ich dachte, wenn ich früher anfange, bin ich früher fertig. Nein, im Ernst: Es war nicht ganz einfach am Anfang, ich war ja erst Ende zwanzig, als ich die Nachfolge von Gerd Eis in der »Ente« antrat. Wenn ich aber darüber nachdenke, war es eher gut, auch wenn ich noch viel lernen musste. Und ich bin heute noch froh über das Vertrauen, das mir entgegengebracht wurde.

WAS HAT SIE AUF IHREM WEG ZUM KÜCHENCHEF GEPRÄGT, UND WAS GEBEN SIE AN DEN NACHWUCHS WEITER?
Da ich wirklich sehr jung war, waren meine Kollegen in der Küche teilweise genauso alt wie ich. Und wir haben uns immer zusammen weiterentwickelt. Ich beziehe das Team sehr stark mit ein. Wenn man während der Arbeit so viel Zeit miteinander verbringt, sollte man wenigstens auch Spaß dabei haben.

WAS CHARAKTERISIERT IHREN KOCHSTIL?
Ich koche eher traditionell, gespickt mit modernen Einflüssen. Jedem Trend hinterherzulaufen, ist nicht meine Art. Aber was Neues zu entwickeln, macht eben auch Spaß, nicht nur uns in der Küche. Vor allem unsere Gäste finden das gut.

WAS MACHT DIE »ENTENKÜCHE« AUS?
In erster Linie ist es wohl, dass alles nachvollziehbar ist, was auf den Teller kommt. Denn ich bereite beispielsweise Fleisch am liebsten im Ganzen zu. Dann sehen die Gäste auch, was sie bekommen. Meiner Meinung nach schmeckt es auch einfach besser, wenn etwas am Knochen oder an der Gräte gebraten wird.

WER HAT WEN MEHR BEEINFLUSST: SIE DEN KÜCHENSTIL IN DER »ENTE« ODER DIE »ENTE« IHRE ART ZU KOCHEN?
In meiner Lehre bei Adolf Neubrand wurde immer alles frisch gekocht, seinerzeit auch schon mit all den Trends, von vegetarisch über fettreduziert bis hin zur Verwendung von regionalen Produkten. Bei Heinz Winkler lernte ich, meinen Geschmack zu schulen und die Kunst des Anrichtens. Und bei Stefan Marquard habe ich dann erfahren, wie man alles ganz anders macht. Aus all dem habe ich meinen eigenen Stil entwickelt. Die »Ente« ist in Wiesbaden eine Institution, die seit Jahrzehnten geschätzt wird, in der die Gäste auch das Traditionelle lieben. Insofern ist das ein Wechselspiel, das gut funktioniert.

WAS ZEICHNET FÜR SIE EIN GUTES LEBENSMITTEL AUS?
Dass es sauber gezüchtet oder gewachsen ist. Ganz klar: dass es frisch ist. Und dass es schmeckt!

DIE ENTE ALS NAMENSGEBER – WELCHE BEDEUTUNG HABEN ENTEN ALS LEBENSMITTEL FÜR IHRE KÜCHE?
Seit ich Küchenchef bin, war die Ente nie von der Karte. Vor allem die ausländischen Gäste, aber auch unsere Stammgäste bestellen sie oft und gerne. Wir benutzen übrigens alles von der Ente, auch die Innereien (Parfait) oder die Knochen für Sauce und die Karkassen für Fonds.

VERARBEITEN SIE BESONDERE ENTEN?
Vor zwei Jahren hat unser Züchter Tiemann nach 25 Jahren als Hoflieferant aufgehört. Danach haben wir erst einmal von verschiedenen Lieferanten Enten bestellt, um die Qualität zu vergleichen. Da erst haben wir bemerkt, was wir für ein tolles Produkt hatten. Die Herausforderung war es, Enten in einer gleich bleibenden super Qualität zu bekommen und das in einer Menge von etwa 2000 Enten pro Jahr. Da war die Auswahl ziemlich klein. Jetzt haben wir zwei verschiedene Entenarten auf der Karte. Eine rosa gebratene Challans Ente und eine mit Mais gefütterte, geschmorte Ente, ebenfalls aus Frankreich.

WARUM GERADE DIESE?
Die Challans Ente ist geschmacklich einfach die beste, die es gibt. Sie ist zart, hat eine dunkle Farbe und lässt sich perfekt braten. Bei der Mais Ente stimmen einfach die Proportionen von Fett zu Fleisch. Wenn ich die Mais Ente in den Ofen schiebe, habe ich später kaum Fett in der Pfanne. Außerdem haben sie beide eine Größe, bei der man die ganze Brust und Keule servieren kann.

WAS HALTEN SIE IN DER KÜCHE FÜR WICHTIGER: FANTASIE ODER GENAUIGKEIT?
Das eine darf das andere doch nicht ausschließen. Was nützt mir kreatives Chaos, wenn ich es nicht ansprechend und gut auf den Teller bringen kann?

WO HOLEN SIE SICH INSPIRATION FÜR IHRE ARBEIT?
Vor allem in Gesprächen mit Kollegen, beispielsweise bei den Jeunes Restaurateurs oder auch in sehr guten Kochbüchern. Aus all dem erarbeiten wir im Team neue Kreationen.

EIN KOCHBUCH ZU SCHREIBEN, IST IMMER AUCH EINE KULINARISCHE ENTDECKUNGSREISE FÜR DEN AUTOR. WELCHE NEUEN EINSICHTEN HABEN SICH FÜR SIE ERGEBEN?
Das Schwierigste war die Entscheidung, was ich wohl auch noch in einem Jahr kochen werde. Denn Rezepte zu entwickeln, zu schreiben und zu bearbeiten, ist wirklich zeitintensiv. Bis das Buch dann gedruckt ist, sind zwölf Monate ruckzuck um. Auf jeden Fall hat mir gefallen, dass wir gar nicht so viele Enten gebraucht haben, wie ich anfangs gedacht hatte. Wir haben ja das ganze Tier komplett verarbeitet.

WAS UND WEN MÖCHTEN SIE MIT DIESEM BUCH ERREICHEN?
Vor allem möchte ich zeigen, dass im Restaurant »Ente« in Wiesbaden ständig etwas passiert. Wie vielseitig die Küche ist, wenn man mit nur einem Grundprodukt arbeitet, in diesem speziellen Fall eben Ente. Ich möchte neugierig machen, Lust darauf, einfach mal auszuprobieren.

EIN AUSBLICK IN DIE ZUKUNFT …
Die Gastronomie entwickelt sich ständig weiter, das ist ja das Schöne an dieser Branche. Also schau'n wir mal …

HOTEL NASSAUER HOF

APPETIZER

ENTENSCHINKEN VON DER BRUST

FÜR 4 PERSONEN | STANDZEIT CA. 12–14 TAGE

2 Entenbrüste (ca. 350g), extra Qualität
500g grobes Meersalz
3g rosa Beeren
6g Senfkörner
4g Pfeffer aus der Mühle
1 EL Thymianblättchen

AUSSERDEM
Räucherpfeife oder Räucherofen
Buchenspäne
alternativ Hickory Rauchsalz

Die Entenbrüste von Sehnen, Federresten und überschüssigem Fett befreien, dann waschen und trocken tupfen. In eine Schale legen, vollständig mit Meersalz bedecken und ca. 48 Stunden im Kühlschrank beizen.

Nach der Beize die Brüste aus dem Salz nehmen, abwaschen und trocken tupfen. Die Gewürze in einem Mörser zerstoßen, den Thymian zum Schluss untermischen und die Entenbrüste gründlich damit einreiben.

Die Brüste mithilfe einer Räucherpfeife oder in einem Räucherofen mit Buchenspänen ca. 60 Minuten kalt räuchern. Oder alternativ die Brüste mit dem Rauchsalz leicht einreiben.

Anschließend die Brüste in ein sauberes, luftdurchlässiges Tuch (Mulltuch oder Nylonstrumpfhose) wickeln und im Kühlschrank oben auf einem Gitter bei konstanter Temperatur, am besten hängend, reifen lassen. Nach 10–12 Tagen ist der Entenschinken fertig.

▶ *Reichen Sie dazu Brot oder Baguette.*

TIPP Nach dem Reifen den Entenschinken noch 1–2 Tage an einem kühlen, gut belüfteten Ort aufhängen, damit das Fleisch fester wird.

KNUSPRIGE ENTENFÜSSE

FÜR 4 PERSONEN

20 Entenfüße (Asialaden)
3l Wasser
5g Meersalz
1 Zwiebel
½ Stange Lauch
1 Karotte
300ml Weißwein
Pflanzenöl zum Frittieren

AUSSERDEM
Backmatte

Die Entenfüße gut waschen. Das Wasser mit Salz zum Kochen bringen. Die Zwiebel schälen, den Lauch gründlich putzen und waschen, die Karotte putzen und schälen. Das Gemüse klein schneiden und mit den Entenfüßen und dem Weißwein ins kochende Wasser geben. Ca. 2 Sunden köcheln lassen, bis die Haut der Entenfüße fast verkocht ist.

Den Backofen auf 80°C Umluft vorheizen.

Die Füße aus dem Sud nehmen und etwas abkühlen lassen. Die Knorpel vorsichtig herausziehen, bis nur noch die Haut übrig bleibt. Die Füße auf ein Blech mit Backmatte legen und im Backofen ca. 3–4 Stunden vollständig trocknen. Dabei die Backofentür einen Spalt offen lassen, damit der Dampf entweicht.

Das Pflanzenöl in einem hohen Topf sehr heiß werden lassen (210°C) und die Entenfüße portionsweise ca. 10 Sekunden darin frittieren. Herausnehmen und auf Küchenpapier abtropfen lassen. Sofort servieren.

▶ *Die Entenfüße pur genießen oder mit etwas Currymayo (siehe Seite 192).*

SATÉSPIESSE VOM ENTENFILET

FÜR CA. 24 SPIESSE | STANDZEIT MIND. 8 STUNDEN

MARINADE

125ml Kokosmilch
10g Palmzucker
1 Stange Zitronengras
30ml helle Sojasauce
20ml Fischsauce
125ml Erdnussöl
2 Knoblauchzehen
1 EL Korianderblätter

SATÉSPIESSE

24 Entenfilets

AUSSERDEM

24 Holzspieße

MARINADE

Die Kokosmilch mit dem Palmzucker in einem Topf erhitzen, bis sich der Zucker aufgelöst hat. Die äußeren harten Blätter der Zitronengrasstange entfernen, das weiche Innere sehr fein schneiden und zur Kokosmilch geben. Sojasauce, Fischsauce und Erdnussöl hinzufügen und die Sauce mit einem Pürierstab mixen. Abkühlen lassen. Knoblauch schälen und fein hacken. Koriander ebenfalls fein hacken. Beides in die abgekühlte Kokosmilch geben.

SATÉSPIESSE

Die Entenfilets waschen, trocken tupfen und zwischen zwei Folien leicht plattieren. Entenfilets wellenförmig auf die Holzspieße stecken. Mindestens 8 Stunden, am besten jedoch über Nacht, in einer Form in die Marinade legen. Das Fleisch sollte mit der Marinade bedeckt sein, die Enden der Spieße sollten dabei trocken bleiben.
Vor der Zubereitung die Spieße aus der Marinade nehmen und gut abtropfen lassen bzw. die Marinade etwas abstreifen. Die Satéspieße in einer Pfanne ohne Zugabe von Fett von beiden Seiten scharf braten oder grillen. Sofort servieren.

▶ *Servieren Sie dazu noch die gelbe Sweet Chili Sauce (siehe Seite 196).*

GEBACKENES ENTENBRIES
MIT REMOULADENSAUCE

FÜR 4 PERSONEN

REMOULADENSAUCE
20g Kapern
1 Sardellenfilet
1 kleine Essiggurke
70g selbst gemachte Mayonnaise (siehe Seite 213)
30g Crème fraîche
1 TL Senf
Meersalz
Cayennepfeffer
Zitronensaft

ENTENBRIESE
16 Entenbriese
Meersalz
Pfeffer aus der Mühle
Weizenmehl zum Wenden
1 Eigelb
Paniermehl zum Wenden
Pflanzenöl zum Braten

REMOULADENSAUCE
Die Kapern und das Sardellenfilet ganz fein hacken. Die Essiggurke fein würfeln. Die Mayonnaise mit der Crème fraîche, dem Senf und den vorbereiteten Zutaten verrühren. Zum Schluss mit Salz, Cayennepfeffer und einem Spritzer Zitronensaft kräftig abschmecken.

ENTENBRIESE
Die Entenbriese salzen und pfeffern. In Mehl wenden, durch das verquirlte Eigelb ziehen und im Paniermehl wenden. Ausreichend Öl erhitzen und die Entenbriese darin goldbraun ausbacken. Auf Küchenpapier abtropfen lassen. Sofort servieren.

ANRICHTEN
Die Entenbriese zusammen mit der Remouladensauce servieren.

ENTENLEBERPRALINEN

FÜR CA. 60 STÜCK | STANDZEIT ÜBER NACHT

ENTENLEBERPRALINEN

6 Blatt Gelatine
200g Entenstopfleber
125ml Madeira
125ml roter Portwein
20ml Entenjus (siehe Seite 211)
Meersalz
140ml Sahne
300ml Kirschsaft
50g Zucker
25g vegetarische Gelatine (Sosa)

ANRICHTEN

Kirschstängel
einige Joghurtcrisps

AUSSERDEM

Spritzbeutel
runde Pralinenform

Die Gelatine in kaltem Wasser einweichen. Von der Entenstopfleber die Haut abschaben, die dunklen Venen sowie Adern entfernen und die Leber klein schneiden. Den Madeira und den Portwein in einem Topf aufkochen und bei mittlerer Temperatur zur Hälfte reduzieren.

Die eingeweichte Gelatine einrühren und auflösen, die Entenstopfleberstücke portionsweise zugeben und mit einem Pürierstab untermixen. Die Jus hinzufügen und mit Salz abschmecken. Dann durch ein feines Sieb passieren, in eine Schüssel umfüllen und die Masse im Kühlschrank kalt werden lassen, bis sie anzieht. Die Sahne steif schlagen. Sobald die Entenlebermasse beginnt, fest zu werden, die geschlagene Sahne unterheben. Die Masse in einen Spritzbeutel geben und in die Pralinenform füllen. Die Entenleberpralinen über Nacht gefrieren.

Am nächsten Tag den Kirschsaft mit dem Zucker aufkochen und mit der vegetarischen Gelatine binden. Die Flüssigkeit warm halten, damit sie nicht fest wird.

Die gefrorenen Entenleberkugeln aus der Form lösen und einen Zahnstocher hineinstecken. Die Kugeln durch die Kirschflüssigkeit ziehen, etwas abtropfen lassen, den Zahnstocher herausziehen, jeweils einen Kirschstängel hineinstecken und das Kirschgelee fest werden lassen.

ANRICHTEN

Die aufgetauten Entenleberpralinen mit Joghurtcrisps bestreuen und servieren.

TIPP Die Entenleberpralinen können auch mit anderen Flüssigkeiten überzogen werden, z.B. Passionsfruchtsaft, Sherry oder hauchdünn mit Schokolade.

RESTAURANT

GEHOBELTE ENTENLEBER
MIT KIRSCHEN, SHERRYGELEE UND KAKAONIBS

GEHOBELTE ENTENLEBER MIT KIRSCHEN,

FÜR CA. 60 STÜCK | STANDZEIT ÜBER NACHT

ENTENLEBER
1 Entenstopfleber (ca. 450g)
250ml weißer Portwein
Meersalz
30ml PX Sherry

SHERRYGELEE
1 Blatt Gelatine
150ml Sherry (Amontillado Medium Dry)

KIRSCHEN
100g Kirschen (z.B. aus Frauenstein)
20g Zucker
100ml Rotwein (z.B. Cabernet Sauvignon)

ANRICHTEN
20g Kakaonibs
4 Brioche (siehe Seite 214)
Salzbutter zum Bestreichen, nach Belieben

SHERRYGELEE UND KAKAONIBS

ENTENLEBER
Die Haut der Entenstopfleber abschaben, die Leber in ca. 1 cm große Stücke brechen und die dunklen Venen und Adern entfernen. Den Portwein in einem Topf aufkochen und reduzieren, bis ein dicker Sirup entsteht. Mit etwa 5g Salz würzen und den Sirup auf die Leberstücke gießen. Alles vorsichtig vermengen und mit dem Sherry abschmecken. Nach Bedarf nachsalzen. Die Masse fest in Frischhaltefolie einrollen und mindestens 24 Stunden marinieren. Danach die Lebermasse halbieren und nochmal fest in Frischhaltefolie, dann in Alufolie einrollen und mindestens 6 Stunden gefrieren.

SHERRYGELEE
Die Gelatine in kaltem Wasser einweichen. Den Sherry in einem Topf erhitzen und bei mittlerer Temperatur leicht köcheln lassen. Die eingeweichte Gelatine gut ausdrücken und im Sherry unter Rühren auflösen. Die Flüssigkeit in ein sauberes Gefäß umfüllen und im Kühlschrank ca. 2 Stunden fest werden lassen.

KIRSCHEN
Die Kirschen waschen, halbieren und entsteinen. Den Zucker in einem Topf karamellisieren und mit dem Rotwein ablöschen. Aufkochen und reduzieren, bis ein dicker Sirup entstanden ist, und die Kirschen damit marinieren.

ANRICHTEN
Das Sherrygelee mit einer Gabel auseinanderzupfen und auf kleinen, tiefen Tellern anrichten. Kirschen dazugeben und die gefrorene Entenleber fein darüberhobeln. Mit Kakaonibs bestreuen. Brioche erwärmen, nach Belieben mit etwas Salzbutter bestreichen und dazu servieren.

ENTENLEBER-TERRINE MIT AROMEN VON SÜSS BIS SALZIG

ENTENLEBERTERRINE
MIT AROMEN VON SÜSS BIS SALZIG

FÜR 8 PERSONEN | STANDZEIT CA. 26 STUNDEN

LEBERTERRINE
1 Entenstopfleber (ca. 450g)
250ml weißer Portwein
50ml Madeira
Meersalz
30ml Cognac

MANDELCREME
100g geschälte Mandeln
400ml Milch
Meersalz
2g Agar-Agar
1 Tropfen Bittermandelöl

ANRICHTEN
süß und salzige Aromen (siehe rechts)

AUSSERDEM
Spritzbeutel mit feiner Lochtülle
Backmatte

LEBERTERRINE

Die Haut der Entenstopfleber abschaben, die Leber in ca. 1 cm große Stücke brechen und die dunklen Venen und Adern entfernen. Portwein und Madeira in einem Topf aufkochen und reduzieren, bis ein dicker Sirup entsteht. Eine kräftige Prise Salz hinzufügen und die Leberstücke damit marinieren, mit Cognac abschmecken und eventuell nachwürzen. Die Masse in eine rechteckige Form füllen, glatt streichen und mindestens 24 Stunden gekühlt marinieren.

Die Leberterrine aus der Form lösen und noch einmal mit einem heißen Messer glatt streichen. Zum Anrichten in gleichmäßige Rechtecke schneiden und nach Geschmack mit den Aromen von süß bis salzig belegen.

MANDELCREME

Die Mandeln in einer Pfanne ohne Zugabe von Fett leicht anrösten. Die Milch dazugießen, eine Prise Salz dazugeben und die Mandeln für ca. 2 Stunden quellen lassen. Dann in einem Standmixer fein pürieren, durch ein Tuch passieren und die Mandelmilch auffangen. Das Tuch kräftig ausdrücken.

Die Mandelmilch aufkochen und Agar-Agar sowie Bittermandelöl hineinrühren. Die Milch ca. 2 Minuten weiterköcheln lassen, in ein flaches Gefäß füllen und ca. 20 Minuten kalt stellen. Die gelierte Mandelmilch mit einem Pürierstab zu einer glatten Creme mixen und in den Spritzbeutel füllen.

ANRICHTEN

Die Mandelcreme mithilfe des Spritzbeutels als Linie auf die Teller ziehen. Die Leberterrinen platzieren und mit etwas Gewürzbrotcrumbles umstreuen.

AROMEN VON SÜSS BIS SALZIG

MACADAMIANÜSSE

10 Macadamianüsse in einem Topf mit 1 EL Zucker langsam karamellisieren. Meersalz und etwas Currypulver hinzufügen. 1 EL Pflanzenöl einrühren. Dadurch kleben die Nüsse nicht zusammen. Auf ein Blech mit Backmatte oder beschichtetem Backpapier gießen, abkühlen und fest werden lassen. Danach mit einer Reibe fein reiben oder in einer Küchenmaschine fein mahlen.

GEWÜRZBROTCRUMBLES

100g Gewürzbrot in feine Stücke brechen und im vorgeheizten Backofen bei 80°C Umluft ca. 60 Minuten trocknen lassen.

SHERRYGELEE

Das Sherrygelee wie auf Seite 29 beschrieben zubereiten und passend für die Terrinenstücke zuschneiden.

EINGELEGTE KIRSCHEN

Die eingelegten Kirschen wie auf Seite 29 beschrieben zubereiten.

MANGO

1 Mango schälen. Das Fruchtfleisch mit einem Küchenhobel in feine Scheiben schneiden. Die Scheiben einrollen und in gleichmäßige Stücke schneiden.

WILLIAMSBIRNENPÜREE

200g Birnenpüree von z.B. von Boiron auf ein Tuch geben und die Flüssigkeit etwas ausdrücken. Das Birnenpüree zu Nocken formen.

ENTENSCHINKEN

Entenschinken von der Brust (siehe Seite 16) dünn aufschneiden und einrollen.

JUNGER RÄUCHERAAL

Aal passend für die Leberterrinenstücke zurechtschneiden.

SCHWARZE TAGGIASCHE OLIVEN

Die Oliven abtropfen lassen, entsteinen und grob hacken.

ROH MARINIERTE ENTENLEBER
MIT ARTISCHOCKEN, TRÜFFELVINAI- GRETTE UND MICRO LEAF SALAT

ROH MARINIERTE ENTENLEBER
MIT ARTISCHOCKEN, TRÜFFELVINAIGRETTE UND MICRO LEAF SALAT

FÜR 4 PERSONEN | STANDZEIT MIND. 10 STUNDEN

ENTENLEBER
1 Entenstopfleber (ca. 400g)
1 l Milch
50g Meersalz

TRÜFFELVINAIGRETTE
125ml roter Portwein
125ml Madeira
50ml Trüffelfond
100ml Pflanzenöl
Balsamico
Meersalz
Zucker

ARTISCHOCKEN
4 große Artischocken
Meersalz
100ml Essig (z.B. Melfor)
Pflanzenöl zum Frittieren
Pfeffer aus der Mühle

ANRICHTEN
50g Micro Leaf Salat
Meersalz
12g schwarzer Wintertrüffel

ENTENLEBER

Von der Entenleber die Haut abschaben, die Leber halbieren und die dunklen Venen sowie Adern entfernen. Die Leberhälften mindestens 8 Stunden, jedoch am besten über Nacht, im Kühlschrank in Milch mit dem Salz einlegen. Am nächsten Tag aus der Milch nehmen, trocken tupfen und im Kühlschrank ca. 2 Stunden trocknen lassen.

TRÜFFELVINAIGRETTE

Portwein und Madeira in einen Topf geben, aufkochen und zur Hälfte reduzieren. Trüffelfond und Öl zufügen. Mit Balsamico, Salz und einer Prise Zucker abschmecken.

ARTISCHOCKEN

Von den Artischocken den Stiel abbrechen, die Blätter entfernen und den Boden herausschneiden. Das Heu entfernen und die Böden abspülen. Die Artischockenböden in 1l Salzwasser mit Essig kochen, bis sie gar sind (nicht zu weich). Im Fond abkühlen lassen. Artischockenböden dann mit einem Küchenhobel längs in sehr feine Scheiben schneiden. Die Artischockenscheiben mit der zubereiteten Trüffelvinaigrette ca. 10 Minuten marinieren, dann zu feinen Röllchen aufrollen. Die Artischockenreste in reichlich heißem Pflanzenöl frittieren und auf Küchenpapier abtropfen lassen. Mit etwas Meersalz und Pfeffer bestreuen.

ANRICHTEN

Die Entenleber auf einem Küchenhobel längs in feine Scheiben hobeln, vorsichtig zusammenrollen und auf den Tellern anrichten. Mit etwas Meersalz bestreuen. Artischockenscheiben und den marinierten Micro Leaf Salat darüber verteilen. Dazu die marinierten Artischockenrollen sowie die frittierten Artischockenstücke anrichten. Den frischen Trüffel fein darüberhobeln und zum Schluss mit Vinaigrette beträufeln.

GEBACKENE ENTENZUNGEN & LANGOSTINO-CARPACCIO MIT ANANAS, FENCHEL, QUINOA UND GEEISTER BANANE

GEBACKENE ENTENZUNGEN & LANGOSTINOCARPACCIO MIT ANANAS, FENCHEL, QUINOA UND GEEISTER BANANE

FÜR 4 PERSONEN | STANDZEIT CA. 4 STUNDEN

BANANENEIS
2 Bananen
20g Zucker
5g Currypulver
50ml Zitronensaft
Meersalz
50g Schmand

LANGOSTINOS
16 Langostinos mit Schale (ca. 20g)

QUINOA
100g schwarze Quinoa
500ml Wasser
Pflanzenöl zum Frittieren

FENCHELSALAT
½ Babyananas
½ Fenchelknolle
Meersalz
Pfeffer aus der Mühle
20ml Olivenöl
15ml weißer Balsamico

ENTENZUNGEN
12 Entenzungen
Meersalz
50ml Teriyakisauce
80g Tempurateig (Fertigprodukt)
140ml Wasser
Pflanzenöl zum Frittieren

ANRICHTEN
20ml Limonenöl
Meersalz
1 Schälchen Korianderkresse

AUSSERDEM
Backmatte

BANANENEIS
Eine Banane schälen, in Würfel schneiden und einfrieren. Die zweite Banane ebenfalls schälen und würfeln. Zucker in einer Pfanne karamellisieren, Currypulver und Banane hinzufügen und mit Zitronensaft ablöschen. Kurz bei mittlerer Temperatur köcheln lassen und mit einer Prise Salz abschmecken. Dann abkühlen lassen und den Schmand unterrühren. Die Masse auf einen Teller geben und ca. 60 Minuten einfrieren. Anschließend mit der ersten gefrorenen Banane in einen Standmixer geben und pürieren. Das Bananenpüree erneut ca. 2 Stunden in den Gefrierschrank geben, dabei alle 15 Minuten umrühren, damit es cremig bleibt. Alternativ in einer Eismaschine gefrieren.

LANGOSTINOS
Die Langostinos waschen, aus der Schale brechen und den Darm entfernen. Pro Portion 4 Stück eng aneinander liegend in einen Vakuumier- oder Gefrierbeutel geben und plattieren, sodass eine rechteckige Form entsteht. Das Carpaccio ca. 60 Minuten einfrieren. Vor dem Anrichten noch in Form schneiden.

QUINOA
Die Quinoa in dem Wasser ca. 30 Minuten garen. Den Backofen auf 80°C Umluft vorheizen. Die gegarte Quinoa in einem Sieb abgießen und auf einer Backmatte im Backofen ca. 2 Stunden trocknen. Dabei die Ofentür einen Spalt geöffnet halten, damit der Dampf entweichen kann. Ab und zu wenden. Die getrocknete Quinoa portionsweise in reichlich heißem Pflanzenöl (ca. 210°C) frittieren, sodass sie aufpoppt und anschließend auf Küchenpapier abtropfen lassen.

FENCHELSALAT
Die Ananas schälen und in feine Würfel schneiden. Die Fenchelknolle putzen, waschen, sehr fein hobeln und mit Salz, Pfeffer, Olivenöl und Balsamico abschmecken. Bis zum Anrichten ziehen lassen.

ENTENZUNGEN
Die Entenzungen waschen, trocken tupfen und in reichlich kochendem Salzwasser ca. 60 Minuten kochen. Die Knorpel entfernen und das Zungenfleisch in der Teriyakisauce marinieren. Den Tempurateig mit dem Wasser verrühren und bis zur Verwendung kalt stellen.
Das Öl zum Frittieren in einem hohen Topf erhitzen. Die Entenzungen aus der Marinade nehmen, etwas abtropfen lassen, durch den Tempurateig ziehen und portionsweise im heißen Öl knusprig ausbacken. Auf Küchenpapier abtropfen lassen.

ANRICHTEN
Das Langostinocarpaccio auf Teller geben und auftauen lassen. Mit dem Limonenöl beträufeln und mit Meersalz bestreuen. Den Fenchelsalat mit den Ananaswürfeln auf dem Carpaccio verteilen. Quinoa darüberstreuen. Vom Bananeneis mit einem Löffel Nocken abstechen und ebenfalls auf das Carpaccio geben. Die gebackenen Entenzungen auf dem Carpaccio anrichten. Zum Schluss mit Korianderkresse ausgarnieren.

ENTENLEBEREIS & TASCHENKREBS-SALAT MIT OLIVEN, ARTISCHOCKEN-CHIPS, GRÜNEM APFEL UND BRUNNENKRESSE

ENTENLEBEREIS & TASCHENKREBSSALAT MIT OLIVEN, ARTISCHOCKENCHIPS, GRÜNEM APFEL UND BRUNNENKRESSE

FÜR 4 PERSONEN | STANDZEIT CA. 5 STUNDEN

ENTENLEBEREIS
200ml weißer Portwein
100ml Weißwein
50g Glukose
5g Meersalz
160g Entenstopfleber
4 Eigelb
50ml Sauternes

OLIVEN
40g entsteinte schwarze Taggiasche Oliven

TASCHENKREBSSALAT
160g Taschenkrebsfleisch (von ca. 2 gekochten Taschenkrebsen)
20g selbst gemachte Mayonnaise (siehe Seite 213)
20g Crème fraîche
Meersalz
Cayennepfeffer
Zitronensaft
¼ Granny-Smith-Apfel
1 Zweig Estragon

ARTISCHOCKENCHIPS
1 Artischocke
Pflanzenöl zum Frittieren

GRÜNER APFELSAFT UND -SCHEIBEN
2 Granny-Smith-Äpfel
1 Msp. Xanthan
¼ Granny-Smith-Apfel

BRUNNENKRESSESALAT
1 Bund Brunnenkresse
Vinaigrette (siehe Seite 213)

AUSSERDEM
kleiner runder Ausstecher

ENTENLEBEREIS

Portwein, Weißwein, Glukose und Salz in einem Topf aufkochen und auf die Hälfte reduzieren. Die Haut der Entenstopfleber abschaben, die Leber in Stücke brechen und die dunklen Venen und Adern entfernen. Die Eigelbe in einem heißen Wasserbad schaumig rühren und die Reduktion hinzufügen. So lange weiterrühren, bis die Masse stockt. Die Stopfleber hinzufügen und die Masse mit einem Pürierstab durchmixen. Auf Eiswürfeln herunterkühlen und mit dem Sauternes abschmecken. In einer Eismaschine oder in einer Schüssel im Gefrierschrank ca. 5 Stunden gefrieren. Dabei alle 30 Minuten einmal gut umrühren, damit das Eis cremig bleibt.

OLIVEN

Die Taggiasche Oliven abtropfen lassen, auf einem Blech verteilen und im Backofen bei 60°C Umluft ca. 3 Stunden trocknen.

TASCHENKREBSSALAT

Das Taschenkrebsfleisch mit der Mayonnaise, Crème fraîche, Salz, wenig Cayennepfeffer und einem Spritzer Zitronensaft abschmecken. Das Apfelviertel entkernen und in feine Würfel schneiden. Estragon waschen, trocken schütteln, die Blättchen abzupfen und sehr fein schneiden. Mit den Apfelwürfeln zum Taschenkrebsfleisch geben.

ARTISCHOCKENCHIPS

Von der Artischocke den Stiel abbrechen, die Blätter und das Heu entfernen, bis nur noch das Herz übrig ist. Auf einem Küchenhobel in feine Scheiben hobeln. Die Scheiben portionsweise in reichlich heißem Pflanzenöl zu knusprigen Chips frittieren. Auf Küchenpapier abtropfen lassen.

GRÜNER APFELSAFT UND -SCHEIBEN

Die Äpfel entsaften und den Saft durch ein feines Sieb passieren. Mit dem Xanthan binden. Das Apfelviertel entkernen und auf einem Hobel in feine Scheiben hobeln. Mithilfe eines kleinen Ausstechers Kreise ausstechen.

BRUNNENKRESSESALAT

Brunnenkresse putzen, waschen und trocken schleudern. Mit etwas Vinaigrette marinieren.

ANRICHTEN

Den Taschenkrebssalat in einem Servierring auf Tellern anrichten. Mit den ausgestochenen Apfelscheiben belegen. Die Oliven grob zerdrücken und über den Taschenkrebssalat streuen. Die Artischockenchips dekorativ darüberlegen. Den marinierten Brunnenkressesalat dazu arrangieren. Je eine Nocke Entenlebereis in die Mitte setzen und den grünen Apfelsaft angießen.

ENTENBRIES & TATAR VON DER ROTEN WILDGARNELE MIT GRÜNEN ERDBEEREN ZITRONENGEL, GIN UND JOGHURTEIS

ENTENBRIES & TATAR VON DER ROTEN WILDGARNELE MIT GRÜNEN ERDBEEREN, ZITRONENGEL, GIN UND JOGHURTEIS

FÜR 4 PERSONEN | STANDZEIT CA. 5 STUNDEN

JOGHURTEIS
100g Glukose
Saft und Abrieb von 1 unbehandelten Zitrone
500g griechischer Joghurt
2cl Gin
Meersalz

GARNELENTATAR
8 rote Wildgarnelen (à ca. 45g)
1 Schalotte
Meersalz
1 Msp. Cayennepfeffer
2 EL Limonenöl

ZITRONENGEL
3 Wacholderbeeren
100ml Zitronensaft
100g Zucker
2g Yuzupulver (pulverisierte getrocknete Schale der Yuzufrucht)
Gin zum Abschmecken
2g Agar-Agar

GRÜNE ERDBEEREN
4 grüne Erdbeeren

LIMONENPULVER
1 EL Limonenöl
Maltodextrin

ENTENBRIESE
12 Entenbriese
Meersalz
Pfeffer aus der Mühle
Weizenmehl zum Wenden
1 Eigelb
Paniermehl zum Wenden
Pflanzenöl zum Braten

ANRICHTEN
1 Schälchen Korianderkresse
Garnelenchips

JOGHURTEIS
Die Glukose mit dem Zitronensaft erwärmen, bis sich die Glukose aufgelöst hat. Anschließend etwas abkühlen lassen. Den Joghurt und den Zitronenabrieb unterrühren. Mit Gin und einer Prise Salz verfeinern. Die Masse ca. 4 Stunden in einer Eismaschine cremig gefrieren. Alternativ in eine Schüssel geben und ca. 4 Stunden gefrieren, dabei alle 15 Minuten rühren, damit das Eis cremig bleibt.

GARNELENTATAR
Die Garnelen schälen, waschen, den Darm entfernen und die Garnelen in kleine Stücke schneiden. Die Schalotte schälen, sehr fein würfeln, in kaltem Wasser abwaschen und auf einem Tuch trocknen. Unter die Garnelen mischen. Mit Salz, Cayennepfeffer und Limonenöl abschmecken.

ZITRONENGEL
Die Wacholderbeeren in einem Mörser zerstoßen. Den Zitronensaft in einem Topf aufkochen, den Zucker einrühren, Yuzupulver und die zerdrückten Wacholderbeeren hinzufügen, zum Schluss mit Gin abschmecken. Agar-Agar einrühren, ca. 3 Minuten kochen lassen und in ein Gefäß füllen. Wenn die Masse erkaltet ist, mit einem Stabmixer pürieren, damit ein feines flüssiges Gel entsteht.

GRÜNE ERDBEEREN
Die grünen Erdbeeren waschen, putzen und auf einem Küchenhobel in feine Scheiben schneiden.

LIMONENPULVER
Limonenöl mit soviel Maltodextrin verrühren, bis ein Pulver (Maltopulver) entsteht.

ENTENBRIESE
Die Entenbriese salzen und pfeffern. In Mehl wenden, durch das verquirlte Eigelb ziehen und im Paniermehl wenden. Ausreichend Öl erhitzen und die Entenbriese darin goldbraun ausbacken. Auf Küchenpapier abtropfen lassen.

ANRICHTEN
Das Garnelentatar mithilfe eines Servierrings jeweils auf der Tellermitte platzieren und das Zitronengel tropfenförmig darum herum verteilen. Joghurteis als kleine Nocke auf das Tatar legen. Alles mit Limonenpulver bestreuen und mit Korianderkresse garnieren. Garnelenchips sowie grüne Erdbeeren darübergeben und Entenbriese anrichten.

PASTRAMI VON DER ENTENBRUST & GEMÜSESALAT

MIT FRITTIERTER HOLLANDAISE

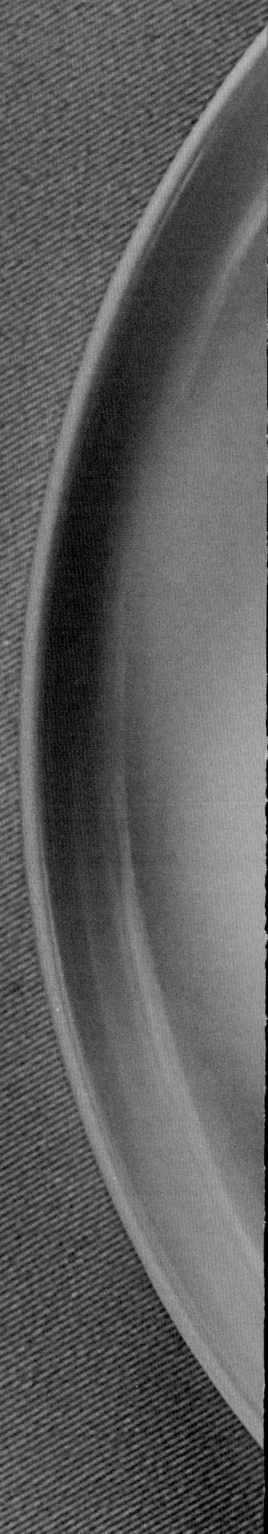

PASTRAMI VON DER ENTENBRUST & GEMÜSESALAT
MIT FRITTIERTER HOLLANDAISE

FÜR 4 PERSONEN | STANDZEIT CA. 2 STUNDEN

GEMÜSESALAT
10 Stangen grüner Spargel
Meersalz
2 Mini-Zucchini
1 Karotte
20 Zuckerschoten
50g gepalte Gartenerbsen
Zucker
16 Blumenkohlröschen
1 Urkarotte mit Grün
1 Chioggia Rübe (rot-weiße Bete)
4 Radieschen
100ml weißer Balsamico
8 eingelegte Perlzwiebeln

FRITTIERTE HOLLANDAISE
2 Blatt Gelatine
1 kleine Schalotte
100ml Weißwein
2 Eigelb
50g gebräunte Butter
Meersalz
Cayennepfeffer
Zitronensaft
100g Weizenmehl
1 Ei
100g Paniermehl
Pflanzenöl zum Frittieren

ENTENPASTRAMI
1 Entenpastrami (siehe Seite 210)

ANRICHTEN
Vinaigrette (siehe Seite 213)
1 Scheibe Pumpernickel
einige Blättchen Brunnenkresse
1 EL Kerbelblättchen
1 EL gehackter Blutampfer
einige essbare Blüten

AUSSERDEM
Perlenausstecher

GEMÜSESALAT

Spargel putzen, im unteren Drittel schälen und in reichlich kochendem Salzwasser bissfest blanchieren. Dann in ausreichend Eiswasser abschrecken und abtropfen lassen. 2 Stangen Spargel und die Minizucchini mit einem Sparschäler längs in feine Scheiben schneiden. Den restlichen Spargel dritteln. Die Karotte schälen und mit einem Perlenausstecher kleine Kugeln ausstechen. Zuckerschoten und Erbsen verlesen bzw. putzen, waschen und mit den Karottenperlen in Salzwasser mit etwas Zucker bissfest blanchieren. Im Eiswasser abschrecken und abtropfen lassen. Die Blumenkohlröschen waschen, abtropfen lassen und auf einem Hobel in dünne Scheiben hobeln. Die restlichen Blumenkohlröschen blanchieren, abschrecken und abtropfen lassen. Von der Urkarotte das Grün etwas oberhalb des Ansatzes abschneiden, das Grün waschen, trocken schütteln und beiseitelegen. Die Urkarotte gründlich waschen, halbieren und bissfest blanchieren, abschrecken und abtropfen lassen. Chioggia Rübe putzen und schälen, Radieschen putzen und waschen. Beides in dünne Scheiben hobeln und in kaltes Wasser legen, damit sie knackig bleiben. Balsamico in einem Topf aufkochen und mit Salz würzen. Die Perlzwiebeln abtropfen lassen, halbieren und ca. 10 Minuten im Balsamicosud kochen.

FRITTIERTE HOLLANDAISE

Die Gelatine in kaltem Wasser einweichen. Die Schalotte schälen und klein schneiden. Den Weißwein mit der Schalotte in einem Topf aufkochen zur Hälfte einkochen. Den Weißwein durch ein Sieb in eine runde Schüssel passieren. Das Eigelb hinzufügen und in einem heißen Wasserbad cremig aufschlagen. Eicreme aus dem Wasserbad nehmen und die gebräunte Butter langsam einrühren. Die Gelatine ausdrücken und in der Hollandaise unter Rühren auflösen. Mit Salz, Cayennepfeffer und einem Spritzer Zitronensaft abschmecken. In ein flaches Gefäß ca. 2 cm hoch füllen und im Kühlschrank ca. 2 Stunden fest werden lassen. Gelierte Hollandaise in Würfel schneiden, in Mehl, verquirltem Ei und Paniermehl wenden. Portionsweise in reichlich heißem Öl ca. 30 Sekunden frittieren. Auf Küchenpapier abtropfen lassen.

ENTENPASTRAMI

Das Entenpastrami sehr fein aufschneiden und einrollen.

ANRICHTEN

Die Gemüsescheiben abtropfen lassen, mit dem restlichen Gemüse mischen, mit ausreichend Vinaigrette marinieren und dekorativ auf Tellern anrichten. Die Pastramiröllchen anlegen. Den Pumpernickel fein hacken und um den Gemüsesalat verteilen. Mit Kerbelblättchen, Brunnenkresse, Karottengrün, Blutampfer und Blüten garnieren.

TIPP Der Gemüsesalat kann auch mit anderem Gemüse der Saison zubereitet werden.

TATAKI VON DER CHALLANS ENTENBRUST

MIT ERDNÜSSEN, CHILI, FRÜHLINGS-ZWIEBELN, TERIYAKI UND PAK CHOI

TATAKI VON DER CHALLANS ENTENBRUST
MIT ERDNÜSSEN, CHILI, FRÜHLINGSZWIEBELN,

FÜR 4 PERSONEN | STANDZEIT CA. 24 STUNDEN

MARINADE
1 Knoblauchzehe
10g Ingwerwurzel
40ml Sojasauce
30ml Teriyakisauce
30ml Sesamöl
Saft von 1 Zitrone

ENTENBRÜSTE
2 weibliche Challans Entenbrüste (à ca. 180g)

GEMÜSE
2 Frühlingszwiebeln
1 rote Chilischote
2 kleine Pak Choi
Meersalz

LINSENFLADEN
2 Linsenfladen (Papadam)
Pflanzenöl zum Frittieren

ANRICHTEN
50g gesalzene, geröstete Erdnüsse
2 schwarze Knoblauchzehen (fermentiert)
1 Schälchen Korianderkresse

TERIYAKI UND PAK CHOI

MARINADE
Knoblauch und Ingwer schälen. Knoblauch fein hacken, Ingwer fein reiben. Alle Zutaten für die Marinade miteinander mischen und ca. 24 Stunden ziehen lassen. Dann durch ein feines Sieb passieren. Die aufgefangene Marinade beiseitestellen.

ENTENBRÜSTE
Die Entenbrüste von Sehnen, Federresten und überschüssigem Fett befreien, dann waschen und trocken tupfen. In einer ofenfesten Pfanne ohne Zugabe von Fett zunächst auf der Hautseite und dann auf der Fleischseite kräftig anbraten. Mit der Hälfte der Marinade ablöschen und köcheln, bis die Flüssigkeit verkocht ist. Dann die Entenbrüste im Backofen bei 55°C Umluft warm halten.

GEMÜSE
Die Frühlingszwiebeln putzen, waschen, trocken schütteln und schräg in hauchdünne Ringe schneiden. Die Chilischote waschen, putzen, längs halbieren, die Kerne entfernen und die Schote in feine Streifen schneiden. Vom Pak Choi die großen Blätter entfernen und die kleinen kurz in reichlich kochendem Salzwasser blanchieren. Herausnehmen und in ausreichend Eiswasser abschrecken, dann abtropfen lassen. Mit der restlichen Marinade mischen.

LINSENFLADEN
Die Papadam in reichlich heißem Pflanzenöl frittieren und gut auf Küchenpapier abtropfen lassen oder in der Mikrowelle ca. 30 Sekunden aufpoppen lassen. Dann in Stücke brechen.

ANRICHTEN
Die Entenbrüste sehr dünn aufschneiden und kreisförmig auf den Tellern anrichten. Frühlingszwiebelringe und Chilistreifen auf dem Fleisch verteilen und mit Marinade beträufeln. Die Erdnüsse grob hacken, fermentierten Knoblauch in Scheiben schneiden, beides ebenfalls verteilen. Mit Pak Choi, Papadamstücken und Korianderkresse ausgarnieren. Mit der restlichen Marinade beträufeln.

GELIERTER ENTEN-BORSCHTSCH
MIT SCHMAND UND KAVIAR

GELIERTER ENTENBORSCHTSCH
MIT SCHMAND UND KAVIAR

FÜR 4 PERSONEN | STANDZEIT CA. 60 MINUTEN

GEMÜSE UND ENTENSCHINKEN
1 Rote Bete
1 Entenschinken von der Brust (siehe Seite 16)
2 Blatt Spitzkohl
Meersalz

SUPPE
200g gekochte Rote Bete
2 männliche gekochte Entenkeulen (ca. 360g)
100g Suppengrün
2 Eiweiß
500ml Entenfond (siehe Seite 211)
Meersalz
½ TL Pfefferkörner
Rotweinessig
Gelatine (pro 200ml 1 Blatt)

EINGELEGTE SENFKÖRNER
1 EL Senfkörner
Meersalz
100ml Apfelsaft

SCHWARZBROTCHIPS
¼ Schwarzbrotbaguette
Pflanzenöl zum Ausbacken

ANRICHTEN
100g Schmand
40g Kaviar

AUSSERDEM
Perlenausstecher
runder Ausstecher (Ø 3 cm)

GEMÜSE UND ENTENSCHINKEN

Die rohe Rote Bete putzen, schälen und mit einem Perlenausstecher Perlen ausstechen. Den Entenschinken sehr fein aufschneiden und zu kleinen Röllchen aufrollen. Die Spitzkohlblätter waschen und trocken tupfen. Aus den Blättern kleine Kreise ausstechen, in reichlich kochendem Salzwasser blanchieren, in ausreichend Eiswasser abschrecken und abtropfen lassen.

SUPPE

Den Rest der rohen Rote Bete zur gekochten Rote Bete geben. Das Entenfleisch vom Knochen lösen. Das Suppengrün putzen, waschen, nach Bedarf schälen und klein schneiden. Das Entenfleisch mit Suppengrün und Rote Bete durch einen Fleischwolf drehen und das Eiweiß unterrühren. Alles in einen Topf geben, mit Fond aufgießen, mit Salz, Pfeffer sowie Rotweinessig würzen und alles gut vermischen. Alle Zutaten müssen dabei kalt sein und langsam erhitzt werden, dabei ab und zu umrühren, damit die Masse nicht am Topfboden anhängt. Den Fond langsam köcheln lassen, bis er sich geklärt hat. Anschließend ca. 60 Minuten ziehen lassen. Nochmals kräftig mit Salz und Pfeffer abschmecken. Danach durch ein feines Tuch passieren.

100 ml Fond abnehmen und die Rote-Bete-Perlen darin weich kochen. Gelatine einweichen, dabei für je 200 ml Fond ein Blatt Gelatine rechnen. 100 ml Fond erwärmen und die ausgedrückte Gelatine darin auflösen. Mit dem restlichen Fond mischen, Borschtsch auf Teller verteilen und kalt stellen. Vor dem Servieren herausholen und Zimmertemperatur annehmen lassen.

EINGELEGTE SENFKÖRNER

Die Senfkörner ca. 10 Minuten in etwas Salzwasser kochen und abpassieren. Mit kaltem Wasser abschrecken, im Apfelsaft aufkochen und darin abkühlen lassen.

SCHWARZBROTCHIPS

Das Schwarzbrotbaguette mit einer Aufschnittmaschine hauchdünn aufschneiden. Die Scheiben in einer Pfanne in ausreichend Pflanzenöl knusprig ausbacken. Auf Küchenpapier abtropfen lassen.

ANRICHTEN

Die gelierte Suppe in den Tellern mit je einigen Klecksen Schmand versehen. Den Kaviar mittig als Nocke anrichten. Spitzkohlscheiben, Schwarzbrotchips, Schinken, Rote-Bete-Perlen und Senfkörner darauf verteilen.

DUCK TEA, EIS GEFILTERT, MIT PULLED DUCK-RAVIOLI UND SHISOKRESSE

DUCK TEA, EISGEFILTERT, MIT PULLED DUCK-RAVIOLI UND SHISOKRESSE

FÜR 8 PERSONEN | STANDZEIT CA. 24 STUNDEN

DUCK TEA
800g Entenflügel und Abschnitte
60g Karotte
150g Zwiebeln
50g Lauch
20 Szechuanpfefferkörner
1 Sternanis
20g geschälte Ingwerwurzel
10g getrocknete Shiitakepilze
100ml Sojasauce
1,5l Entenfond (siehe Seite 211)
50ml Sherry medium

RAVIOLI
8 Wan-Tan-Blätter
1 Eiweiß
120g Pulled Duck (siehe Seite 177)
Weizenmehl zum Bestäuben
Meersalz

ANRICHTEN
Meersalz
Pfeffer aus der Mühle
1 Schale bunte Shisokresse

DUCK TEA

Den Backofen auf 200°C Umluft vorheizen.

Entenflügel und Abschnitte waschen, trocken tupfen, auf ein Backblech legen und ca. 30 Minuten im Backofen braten, damit sie eine schöne Farbe bekommen.

Das Gemüse waschen, ggf. schälen, putzen, klein schneiden und in einen Schnellkochtopf geben. Ententeile, Gewürze, Ingwer und Shiitakepilze dazugeben. Das Backblech mit Wasser auffüllen und den Bratenfond vom Blech ablösen. In den Schnellkochtopf geben. Mit Sojasauce und Fond auffüllen, verschließen und ca. 60 Minuten druckgaren. Die Suppe anschließend im Topf kalt werden lassen und dann komplett mindestens 24 Stunden einfrieren.

Rechtzeitig vor der Zubereitung der Suppe den Eisblock auf ein Mulltuch über ein Gefäß legen und langsam auftauen lassen. Den abtropfenden Fond auffangen.

RAVIOLI

Die Wan-Tan-Blätter auslegen und mit Eiweiß bestreichen. Vom gezupften Entenfleisch (Pulled Duck) kleine Kugeln formen und auf die Teigblätter geben. Die Ecken der Wan Tans übereinanderfalten, damit kleine Ravioli entstehen. An einem trockenen Platz mit etwas Mehl bestäubt aufbewahren. Vor dem Servieren die Ravioli in reichlich kochendem Salzwasser garen.

ANRICHTEN

Den Ententee erwärmen, mit Sherry und gegebenenfalls Salz und Pfeffer abschmecken, dann in eine Teekanne füllen. Die Ravioli in Teetassen geben. Shisokressеblätter darauflegen und mit dem Duck Tea auffüllen.

ENTENSCHINKEN & WARMES WALDPILZGELEE

MIT PILZEN, PILZERDE UND ROTE BETE

ENTENSCHINKEN & WARMES WALDPILZGELEE MIT PILZEN, PILZERDE UND ROTE BETE

FÜR 8 PERSONEN | STANDZEIT CA. 3 STUNDEN

PILZGELEE
150g Champignons
25g getrocknete Steinpilze
20g getrocknete Shiitakepilze
2 Eiweiß
200g Rinderhackfleisch
1 Zwiebel
1 Zweig Thymian
1l Kalbsfond
100ml Sherry medium
50ml Mushroom Sojasauce
4g Agar-Agar

PILZERDE
200g Champignons
Meersalz

WALDPILZE
200g gemischte Waldpilze
(z.B. Buchenpilze, Pfifferlinge, Steinpilze)
1 Knoblauchzehe
1 Zweig Thymian
Pflanzenöl zum Braten
Meersalz
Pfeffer aus der Mühle

ERBSENPÜREE
120g gepalte Erbsen
Meersalz

ENTENBRIESE
16 Entenbriese
Meersalz
Pfeffer aus der Mühle
Weizenmehl zum Wenden
1 Eigelb
Paniermehl zum Wenden
20g Butter

ANRICHTEN
1 Entenschinken von der Brust
(siehe Seite 16)
100g gekochte, geschälte Rote Bete
1 Knoblauchzehe
25ml weißer Balsamico
40ml Pflanzenöl
Meersalz
Pfeffer aus der Mühle
20g geröstete Haselnussblättchen
10g schwarzer Trüffel
einige Blättchen Brunnenkresse

AUSSERDEM
Backmatte

PILZGELEE

Die Champignons säubern und mit den getrockneten Pilzen klein hacken. Das Eiweiß mit einem Schneebesen aufschlagen, mit dem Hackfleisch und den Pilzen mischen und in einen Topf geben. Die Zwiebel schälen, klein schneiden und zum Hackfleisch geben. Thymianzweig waschen, trocken schütteln und zugeben. Kalbsfond, Sherry und Mushroom Sojasauce angießen und alles langsam erhitzen. Bei geringer Temperatur ca. 30 Minuten köcheln lassen, dann durch ein Tuch passieren. 400ml des Fonds abnehmen und mit dem Agar-Agar ca. 3 Minuten köcheln. Danach direkt in eine rechteckige Auflaufform gießen. Restlichen Fond für die Vinaigrette beiseitestellen.

Das Gelee ca. 60 Minuten im Kühlschrank abkühlen lassen und zum Anrichten in breite Streifen schneiden.

PILZERDE

Den Backofen auf 80°C Umluft vorheizen.

Die Champignons säubern, sehr fein hacken, salzen und in einem Tuch ausdrücken. Dann auf einem Blech mit Backmatte verteilen und im Backofen ca. 2 Stunden trocknen lassen.

WALDPILZE

Die gemischten Pilze gründlich säubern. Knoblauch andrücken. Die Pilze zusammen mit Knoblauch und gewaschenem Thymian zufügen und in einer Pfanne mit etwas Pflanzenöl braten. Mit Salz und Pfeffer würzen und warm stellen.

ERBSENPÜREE

Die Erbsen in reichlich kochendem Salzwasser garen. Abtropfen lassen, durch ein feines Sieb streichen und mit Salz abschmecken. Bis zum Servieren warm stellen.

ENTENBRIESE

Die Entenbriese salzen, pfeffern, in Mehl wenden, durch das verquirlte Eigelb ziehen und im Paniermehl wenden. Die Butter in einer Pfanne aufschäumen und die Entenbriese darin knusprig ausbacken.

ANRICHTEN

Den Entenschinken hauchdünn aufschneiden und einrollen. Die Rote Bete auf einem Küchenhobel in feine Scheiben hobeln und ebenfalls einrollen. Knoblauch schälen und fein hacken. 50ml vom restlichen Pilzfond abnehmen und aus Balsamico, Pflanzenöl, Salz, Pfeffer und Knoblauch eine Vinaigrette herstellen.

Das Gelee im Backofen erwärmen und auf Tellern anrichten. Die Pilzerde darüberstreuen. Die gebratenen Waldpilze darauf verteilen.

Schinken, Briese, Rote Bete, Erbsenpüree und Haselnüsse dekorativ auf den Tellern verteilen. Den Trüffel auf einer feinen Reibe darüberhobeln. Mit Brunnenkresse garnieren. Zum Schluss mit der Vinaigrette beträufeln.

ENTENEINTOPF MIT HERZ & MAGEN,

GEMÜSE, WACHTEL-EIERN UND GRIESSKLÖ

SSCHEN

ENTENEINTOPF MIT HERZ & MAGEN, GEMÜSE, WACHTELEIERN UND GRIESSKLÖSSCHEN

FÜR 4 PERSONEN | STANDZEIT ÜBER NACHT

ENTENCONSOMMÉ
800g Entenflügel, Karkassen und Abschnitte
50g Karotte
150g Zwiebeln
60g Lauch
50g Staudensellerie
1,5l Wasser
Meersalz
4 gepökelte Entenmägen (siehe Seite 141)
100ml Sherry
2 Entenkeulen
2 Eiweiß

SUPPENEINLAGE
8 Mini-Karotten
4 Rosenkohl
8 Perlzwiebeln
Meersalz
50g Buchenpilze
4 Entenherzen

WACHTELEIER
4 Wachteleier
Essig

ANRICHTEN
1 kleine Entenbrust
1 Frühlingszwiebel
8 Grießklößchen (siehe Seite 203)
Sherry

ENTENCONSOMMÉ

Den Backofen auf 200°C Umluft vorheizen.

Entenflügel, Karkassen und Abschnitte auf ein Backblech geben und im Backofen ca. 20 Minuten anrösten. Karotte und Zwiebeln schälen, Lauch und Sellerie putzen, waschen und trocken schütteln. Das Gemüse klein schneiden.

Geröstete Ententeile mit Wasser und 10g Salz in einen Schnellkochtopf geben. Gemüse, Entenmägen sowie Sherry hinzufügen, verschließen und ca. 60 Minuten druckgaren. Im Kochtopf abkühlen lassen. Entenmägen herausnehmen und beiseitestellen. Den Fond durch ein Sieb gießen und die Karkassen entfernen.

Das Keulenfleisch von den Knochen lösen und durch einen Fleischwolf drehen. Das Eiweiß kurz aufschlagen und mit dem Entenhackfleisch vermengen. Zum Klären in den Fond geben und in einem Topf langsam aufkochen, dabei immer wieder vorsichtig umrühren. Die Suppe leicht köcheln lassen und mit Salz würzen. Durch ein feines Sieb passieren. Consommé auskühlen lassen und im Kühlschrank über Nacht kalt werden lassen, anschließend das Fett entfernen.

SUPPENEINLAGE

Karotten schälen, Rosenkohl entblättern, Perlzwiebeln schälen und halbieren. Das Gemüse in reichlich kochendem Salzwasser blanchieren, herausnehmen, in ausreichend Eiswasser abschrecken und abtropfen lassen. Von den Buchenpilzen die Köpfe abschneiden. Die Entenherzen waschen und trocken tupfen. 100ml der Entenconsommé aufkochen und die Buchenpilze mit den Entenherzen bei geringer Temperatur (etwa 60°C) ca. 10 Minuten darin gar ziehen lassen.

WACHTELEIER

Die Wachteleier aufschlagen und vorsichtig in eine kleine Schüssel gleiten lassen. In siedendem Wasser mit einem Schuss Essig ca. 30 Sekunden pochieren, sodass sie noch weich sind. Vorsichtig herausnehmen.

ANRICHTEN

Die Entenbrust von Sehnen, Federresten und überschüssigem Fett befreien, waschen und trocken tupfen. Dann in sehr feine Scheiben schneiden und leicht plattieren. Die Frühlingszwiebel putzen, waschen, trocken schütteln und schräg in dünne Ringe schneiden. Eier, Gemüse, Frühlingszwiebelringe und Grießklößchen in Tellern anrichten. Die Entenbrustscheiben roh darübergeben. Sie garen, wenn der heiße Sud angegossen wird. Die Consommé mit einem Schuss Sherry verfeinern und angießen.

ENTENHERZEN

MIT WURZEL-GEMÜSE, SENF, MALZBRÖSELN, MAJORAN UND SELLERIEPÜREE

ENTENHERZEN MIT WURZELGEMÜSE, SENF, MALZBRÖSELN, MAJORAN UND SELLERIEPÜREE

FÜR 4 PERSONEN

MALZBRÖSEL
100g Malzbrot
60g Butter

ENTENHERZEN
2 Stängel Majoran
20g grober Senf (z.B. von Maille)
20g Süßer Senf (z.B. von Maille)
50g Dijonsenf (z.B. von Maille)
12 Entenherzen
Meersalz
200ml flüssiges Entenfett

WURZELGEMÜSE
16 bunte Mini-Karotten mit Grün
1 Petersilienwurzel
Meersalz
1 Gelbe Bete
eingelegte Senfkörner (siehe Seite 213)
1 Knollensellerie mit Wurzeln
Entenfett zum Braten
Meersalz
Pfeffer aus der Mühle

SELLERIEPÜREE
500g Knollensellerie
500ml Wasser
5g Meersalz
60g gebräunte Butter
60g Crème fraîche
etwas Zitronensaft

ANRICHTEN
2 rot-weiße Radieschen
Sellerieblätter

MALZBRÖSEL
Das Malzbrot in Stücke schneiden und in einer Küchenmaschine zerbröseln. Mit der Butter in einer Pfanne langsam rösten, bis die Brösel knusprig sind. Auf Küchenpapier abtropfen lassen.

ENTENHERZEN
Den Backofen auf 80°C Umluft vorheizen.

Den Majoran waschen, trocken schütteln, die Blättchen abzupfen, klein schneiden und mit den Senfsorten vermischen.
Die Entenherzen waschen, trocken tupfen, leicht salzen und mit dem warmen Entenfett bedeckt im Backofen ca. 10 Minuten confieren. Abgießen, trocken tupfen und mit der Majoransenfcreme einstreichen. In den knusprigen Malzbröseln wenden und im Backofen warm stellen.

WURZELGEMÜSE
Von den Mini-Karotten das Grün entfernen. Etwas Grün waschen und für die Garnitur zur Seite legen. Die Karotten in reichlich kochendem Salzwasser bissfest blanchieren, in ausreichend Eiswasser abschrecken, abtropfen lassen und die Haut abschaben. Die Petersilienwurzel halbieren, längs vierteln, bissfest blanchieren, abschrecken und abtropfen lassen. Die Gelbe Bete schälen, hauchfein hobeln und mit einigen eingelegten Senfkörnern marinieren. Vom Sellerie die Wurzeln abschneiden. Die Wurzeln gut waschen, ebenfalls bissfest blanchieren, abschrecken und gut abtropfen lassen. In einer Pfanne etwas Entenfett zerlassen, die Wurzeln darin knusprig braten, salzen, pfeffern und warm halten.

SELLERIEPÜREE
Den Sellerie schälen und in ca. 1cm große Stücke schneiden. Abgedeckt in Wasser mit Salz ca. 20 Minuten weich kochen. In einem Standmixer mit gebräunter Butter und Crème fraîche pürieren, dann durch ein feines Sieb streichen. Mit einem Spritzer Zitronensaft abschmecken.

ANRICHTEN
Radieschen putzen und in Scheiben hobeln. Das Selleriepüree jeweils auf der Tellermitte anrichten. Die Entenherzen darauflegen. Wurzelgemüse verteilen und mit Radieschen- und Gelbe Bete-Scheiben sowie den verschiedenen Blättern und Grün ausgarnieren. Mit eingelegten Senfkörnern beträufeln und mit Malzbröseln bestreuen.

GEBRATENE ENTENSTOPFLEBER

MIT RÄUCHERAAL, KIRSCHEN UND TERIYAKISAUCE

GEBRATENE ENTENSTOPFLEBER
MIT RÄUCHERAAL, KIRSCHEN UND TERIYAKISAUCE

FÜR 4 PERSONEN

ZWIEBELCREME
500g Meersalz
600g Zwiebeln
25g Schmand
15g gebräunte Butter
Meersalz
Pfeffer aus der Mühle

SAUCE
1 EL Zucker
100ml Rotwein
30ml Balsamico
200ml roter Portwein
12 Süß- oder Sauerkirschen

AAL
1 Räucheraalfilet (vom jungen Aal)
50ml Teriyakisauce

PERLZWIEBELN
8 Perlzwiebeln
10g Butter
Meersalz
Pfeffer aus der Mühle

ENTENSTOPFLEBER
4 Scheiben Entenstopfleber (à ca. 50g)
Meersalz
brauner Zucker
Hartweizengrießmehl (Semola)

ANRICHTEN
einige Stängel Kerbel

AUSSERDEM
Spritzbeutel mit feiner Lochtülle

ZWIEBELCREME
Den Backofen auf 140°C Umluft vorheizen.

Das Meersalz auf einem Backblech verteilen, die Zwiebeln mit Schale darauflegen und im Backofen ca. 2,5 Stunden weich schmoren. Nach Ende der Schmorzeit die Zwiebeln mit einer Schere aufschneiden und das Zwiebelfleisch herausdrücken. In einem Standmixer mit dem Schmand und der gebräunten Butter zu einem feinen Püree mixen. Mit Salz und Pfeffer abschmecken. Die entsprechende Menge Zwiebelcreme in einen Spritzbeutel füllen und für das Rezept verwenden. Die restliche Creme hält sich abgedeckt einige Tage im Kühlschrank.

SAUCE
Den Zucker in einem Topf karamellisieren. Mit Rotwein sowie Balsamico ablöschen und mit Portwein auffüllen. Die Flüssigkeit aufkochen und reduzieren, bis sie zähflüssig wird. Die Kirschen halbieren, entsteinen, in die Reduktion geben und glasieren.

AAL
Den Aal in 12 Stücke teilen und in der Teriyakisauce erwärmen.

PERLZWIEBELN
Die Perlzwiebeln schälen, halbieren und in der Butter sehr langsam garen. Mit Salz und Pfeffer würzen.

ENTENSTOPFLEBER
Die Haut der Entenstopfleber abschaben, die dunklen Venen und Adern entfernen und die Scheiben mit Salz und wenig Zucker würzen. Im Hartweizengrießmehl wenden und in einer Pfanne ohne Zugabe von Fett bei mittlerer Temperatur auf jeder Seite ca. 1 Minute braten.

ANRICHTEN
Die Zwiebelcreme dekorativ auf die Teller spritzen, etwas Sauce verteilen. Je eine Scheibe Leber daraufsetzen, Kirschen, Aal und Perlzwiebeln anrichten und mit Kerbel ausgarnieren.

ENTENBRUST MIT HOLUNDERBLÜTEN-CURRYSAUCE

ENTENBRUST MIT HOLUNDERBLÜTENCURRYSAUCE

FÜR 4 PERSONEN

HOLUNDERBLÜTENCURRYSAUCE
40g Schalotten
1 Knoblauchzehe
½ Apfel (z.B. Granny Smith)
2 Stangen Zitronengras
Pflanzenöl zum Braten
100g Ananas
30g gelbe Currypaste
30ml Shao Xing Wein
200ml Entenfond (siehe Seite 211)
400ml Kokosmilch
5 Dolden Holunderblüten
Meersalz
Saft von 1 Limette
20ml Holunderblütensirup

GEMÜSE
4 Stangen weißer Spargel
100g grüner Thaispargel
2 Mini Pak Choi
8 Mini-Karotten
100g Zuckererbsenschoten
8 Minimaiskolben
100g Sojabohnen
16 kleine Shiitakepilze
Meersalz
Pflanzenöl zum Braten

ENTENBRÜSTE
2 Cherry Valley Entenbrüste
Meersalz
Pfeffer aus der Mühle

ANRICHTEN
geröstete Sesamsamen
gepuffter Reis

HOLUNDERBLÜTENCURRYSAUCE

Schalotten und Knoblauch schälen und klein schneiden. Apfel schälen, Kerngehäuse entfernen und das Fruchtfleisch würfeln. Die äußeren harten Blätter vom Zitronengras entfernen und das weiche Innere hacken. Etwas Öl in einem Topf erhitzen und die vorbereiteten Zutaten darin ohne Farbe anschwitzen. Die Ananas schälen, klein schneiden und hinzufügen.

Die Currypaste mitanschwitzen und mit Shao Xing Wein ablöschen. Den Entenfond einrühren und um die Hälfte reduzieren. Kokosmilch dazugießen und alles bei mittlerer Temperatur ca. 10 Minuten köcheln lassen.

Die Holunderblüten waschen und in einem Sieb abtropfen lassen. Den Topf von der Kochstelle nehmen und die Holunderblüten darin ca. 15 Minuten ziehen lassen, damit sich die Aromen entfalten. Mit Salz, Limettensaft und Holunderblütensirup abschmecken. Mit einem Pürierstab kurz anmixen, durch ein feines Sieb passieren und erneut abschmecken. Kurz vor dem Servieren mit dem Stabmixer nochmals aufschäumen.

GEMÜSE

Das Gemüse waschen, nach Bedarf putzen, schälen und klein schneiden. Das Gemüse sowie die Pilze getrennt in reichlich kochendem Salzwasser bissfest blanchieren und in ausreichend Eiswasser abschrecken. Anschließend gut abtropfen lassen.

Das Öl in einer Pfanne erhitzen und das Gemüse darin kurz anschwitzen. Mit Salz abschmecken. Die Holunderblütencurrysauce (Menge nach Geschmack) angießen.

ENTENBRÜSTE

Den Backofen auf 160°C Umluft vorheizen.

Die Entenbrüste von Sehnen, Federresten und überschüssigem Fett befreien, dann waschen und trocken tupfen. Auf der Hautseite kreuzförmig einschneiden, mit Salz und Pfeffer würzen und in einer ofenfesten Pfanne ohne Zugabe von Fett anbraten. Kurz auf der Fleischseite anbraten und im Ofen auf einem Gitter ca. 12 Minuten rosa braten. Den Backofengrill auf höchster Stufe einschalten und die Entenbrüste auf der Hautseite knusprig werden lassen.

ANRICHTEN

Die Holunderblütencurrysauce auf Tellern anrichten. Die Entenbrüste zurechtschneiden, mit der Hautseite in den gerösteten Sesam drücken und auf den Tellern platzieren. Mit gepufftem Reis bestreuen.

TIPP Übriggebliebene Currysauce lässt sich in einem verschlossenen Glas im Kühlschrank einige Tage aufbewahren.

GLASIERTE ENTENHERZEN & ST. PIERRE MIT TOPINAMBUR, APFEL UND BACON DASHI

GLASIERTE ENTENHERZEN & ST. PIERRE MIT TOPINAMBUR, APFEL UND BACON DASHI

FÜR 4 PERSONEN

TOPINAMBURFLAN
90g Topinambur
20ml Topinambursaft
150ml Sahne
10g gebräunte Butter
35ml Milch
35g Isomalt
6g Meersalz
4 Eigelb (ca. 80g)
2 Eiweiß (ca. 60g)

BACON DASHI
2 Zwiebeln
1 Knoblauchzehe
100g Bacon
50g Champignons
250ml Entenfond (siehe Seite 211)
10g Kombualgen
1 Msp. Xanthan

GLASIERTE ENTENHERZEN
12 Entenherzen
Meersalz
Pfeffer aus der Mühle
50g flüssiges Entenfett

TOPINAMBUR
5 Topinamburknollen
Meersalz
Pflanzenöl zum Frittieren

APFEL
1 grüner Apfel (z.B. Granny Smith)

ST. PIERRE
4 St. Pierre-Filets (à ca. 120g)
Meersalz
Pfeffer aus der Mühle
20g Butter

ANRICHTEN
Apfelblüten

AUSSERDEM
kleiner Kugelausstecher
runder Ausstecher

TOPINAMBURFLAN

Die Topinambur putzen, schälen und klein schneiden. Dann mit den übrigen Zutaten, außer den Eigelben und Eiweiß, in einen geeigneten Beutel geben und vakuumieren. In einem vorgeheizten Wasserbad bei etwa 95°C ca. 15 Minuten sous vide garen, bis die Topinamburwürfel weich sind. Aus dem Beutel nehmen, pürieren und durch ein feines Sieb passieren. Dann abkühlen lassen.

Den Backofen auf 100°C Umluft vorheizen.

Eigelbe und Eiweiß unter das Püree rühren. Eine Form mit Klarsichtfolie auslegen, das Püree einfüllen und glatt streichen. Die Form in ein tiefes Backblech stellen und mit heißem Wasser aufgießen, sodass die Form mindestens zur Hälfte im Wasser steht. Dann ca. 30 Minuten stocken lassen.

Den fertigen Flan etwas abkühlen lassen, aus der Form stürzen, die Folie entfernen und Kreise ausstechen.

BACON DASHI

Zwiebeln und Knoblauch schälen und fein hacken. Den Bacon langsam in einer Pfanne knusprig braten und herausnehmen. Die Zwiebeln mit der Knoblauchzehe langsam ohne Farbe im Baconfett anschwitzen. Champignons säubern, klein schneiden und zugeben. Bacon wieder hinzufügen und mit Fond aufgießen. Ca. 20 Minuten köcheln lassen. Die Pfanne von der Kochstelle nehmen und die Kombualgen ca. 30 Minuten darin ziehen lassen. Anschließend den Sud durch ein feines Sieb gießen und die aufgefangene Flüssigkeit zur Hälfte langsam einkochen. Mit etwas Xanthan binden.

GLASIERTE ENTENHERZEN

Entenherzen waschen, trocken tupfen, mit Salz und Pfeffer würzen und mit dem Entenfett in einem geeigneten Beutel vakuumieren. In einem vorgeheizten Wasserbad bei etwa 65°C ca. 10 Minuten sous vide garen. Anschließend aus dem Beutel nehmen und kurz vor dem Anrichten in etwas Entenfett braten, nochmals salzen und pfeffern.

TOPINAMBUR

Vier Topinamburknollen schälen, kleine Kugeln ausstechen und in reichlich kochendem Salzwasser bissfest garen. Die restliche Knolle mit Schale auf einem Küchenhobel in feine Scheiben hobeln. Die Scheiben in reichlich heißem Pflanzenöl frittieren. Dann auf Küchenpapier abtropfen lassen.

APFEL

Den Apfel schälen, Kerngehäuse entfernen, Apfel in dünne Scheiben hobeln und Kreise ausstechen.

ST. PIERRE

St. Pierre-Filets waschen, trocken tupfen, salzen und pfeffern. In einer Pfanne die Butter aufschäumen und die Filets darin ca. 1 Minute von jeder Seite langsam braten. Danach ca. 2 Minuten ruhen lassen.

ANRICHTEN

Die Fischfilets auf die Teller legen. Den Topinamburflan anrichten. Die Entenherzen sowie Topinamburkugeln verteilen und mit Apfelblüten und Apfelscheiben garnieren. Topinamburchips anlegen und Dashi angießen.

ENTENGRIEBEN-KRUSTE AUF STEINBUTT MIT PETERSILIENCREME, KOHLRABI, STEIN-PILZEN UND GERÄUCHERTEM LINSENJUS

ENTENGRIEBENKRUSTE AUF STEINBUTT MIT PETERSILIENCREME, KOHLRABI, STEINPILZEN UND GERÄUCHERTEM LINSENJUS

FÜR 4 PERSONEN

GRIEBENKRUSTE
100g Entenflomen
1 Zwiebel
2 getrocknete Apfelringe
50g gegartes Entenfleisch
80g trockenes Sauerteigbrot
1 Eigelb
Meersalz
Pfeffer aus der Mühle
1 EL frisch gehackte Petersilie

PETERSILIENCREME
1 Bund Petersilie
Meersalz
100ml Entenfond (siehe Seite 211)
50g Crème fraîche
30g gebräunte Butter
Zitronensaft

LINSENJUS
20g Belugalinsen
20ml Balsamico
50ml Entenjus (siehe Seite 211)
Entenfond, nach Bedarf (siehe Seite 211)
Meersalz
Pfeffer aus der Mühle

GEMÜSE
4 Kohlrabi
150g frische Steinpilze oder andere Pilze
Meersalz
Pflanzenöl zum Braten
Pfeffer aus der Mühle

STEINBUTT
4 Steinbuttfilets (à ca. 130g)
Meersalz
30g Butter

ANRICHTEN
Kohlrabiblätter
Kohlrabischeiben

AUSSERDEM
Räucherpfeife
Buchenspäne
runder Ausstecher

GRIEBENKRUSTE

Für die Kruste den Entenflomen grob schneiden, in einem Topf langsam auslassen, bis das Fett klar ist und die Grieben knusprig sind. Durch ein Sieb gießen. Die Grieben klein hacken. Zwiebel schälen und mit den Apfelringen klein schneiden. Beides im aufgefangenen Entenfett langsam braun werden lassen und durch ein Sieb passieren. Das Fett kalt stellen.

Das erkaltete Fett schaumig rühren. Das gegarte Entenfleisch sehr fein hacken. Das Sauerteigbrot in einer Küchenmaschine fein zerbröseln. Grieben, Sauerteigbrösel, Fleisch und Eigelb unter das Fett heben und mit Salz, Pfeffer und Petersilie würzen. Die Masse zwischen zwei Bogen Pergamentpapier flach ausrollen. Bis zur späteren Verwendung im Gefrierschrank aufbewahren.

PETERSILIENCREME

Die Petersilie waschen, trocken schütteln, Blätter abzupfen und in reichlich kochendem Salzwasser blanchieren. In ausreichend Eiswasser abschrecken und abtropfen lassen. Die Petersilienblätter mit dem Fond, Crème fraîche und gebräunter Butter mixen, bis eine sehr feine Paste entstanden ist. Mit etwas Salz und einem Spritzer Zitronensaft abschmecken. Nach Bedarf mehr Fond hinzufügen.

LINSENJUS

Die Linsen waschen und abtropfen lassen. In einen Topf mit Balsamico und Jus geben und bei mittlerer Temperatur ca. 30 Minuten langsam köcheln lassen. Nach Bedarf etwas Fond angießen. Eine Räucherpfeife mit Buchenspänen füllen, entzünden, den Rauch in den Topf blasen und sofort abdecken. Die Linsen ca. 5 Minuten im Rauch ziehen lassen, je nach gewünschter Intensität den Vorgang gegebenenfalls wiederholen. Linsen mit etwas Salz und Pfeffer abschmecken.

GEMÜSE

Kohlrabi schälen, in gleich große rechteckige Balken schneiden und in reichlich kochendem Salzwasser bissfest blanchieren, abtropfen lassen und warm halten. Aus den Kohlrabiabschnitten dünne Scheiben schneiden und 8 gleich große Kreise ausstechen. Ebenfalls bissfest blanchieren, abschrecken, abtropfen lassen und warm halten. Steinpilze säubern, grob schneiden und in einer Pfanne in etwas Öl braten, mit Salz und Pfeffer abschmecken.

STEINBUTT

Den Backofengrill auf höchster Stufe vorheizen.

Die Steinbuttfilets waschen, trocken tupfen und mit etwas Salz würzen. In einer Pfanne die Butter aufschäumen und die Filets auf jeder Seite ca. 1–2 Minuten langsam braten. Auf einen ofenfesten Teller umsetzen, die Griebenkruste auf Filetgröße zuschneiden, auflegen und die Filets unter dem Backofengrill knusprig überbacken. Achtung, das geht schnell.

ANRICHTEN

Jeweils die Kohlrabibalken in der Tellermitte anrichten. Die Steinbuttfilets darauf platzieren. Linsenjus und Petersiliencreme darum herum verteilen. Steinpilze anlegen und mit gewaschenen Kohlrabiblättern und -scheiben ausgarnieren.

ENTENZUNGEN IN TERIYAKISAUCE & GEDÄMPFTER KABELJAU

MIT PAK CHOI UND REISBÄLLCHEN

ENTENZUNGEN IN TERIYAKISAUCE & GEDÄMPFTER KABELJAU
MIT PAK CHOI UND REISBÄLLCHEN

FÜR 4 PERSONEN

REISBÄLLCHEN
125g Sushireis
140ml Wasser
30ml Reisessig
18g Zucker
5g Meersalz
1 Eiweiß
50g Reisflakes
Pflanzenöl zum Frittieren

PAK CHOI
4 Baby-Pak Choi
20g Ingwerwurzel
1 Knoblauchzehe
1 EL Sesamöl
30ml Sojasauce
1 EL Oystersauce
100ml Entenfond (siehe Seite 211)

KABELJAU
4 Kabeljaufilets (à ca. 140g)
Meersalz
Bergpfeffer
1 Stange Zitronengras
3 Limettenblätter

ENTENZUNGEN
12 gegarte Entenzungen
50ml Teriyakisauce

AUSSERDEM
Reiskocher
Bambuskorb
Bananenblatt, nach Belieben

REISBÄLLCHEN
Sushireis auf einem Sieb unter fließendem Wasser abspülen, bis das abtropfende Wasser klar ist. Mit dem Wasser in einem Reiskocher garen. Reisessig aufkochen, Zucker und Salz hinzufügen und den fertigen Reis damit beträufeln. Reis aus dem Reiskocher nehmen, Hände befeuchten und Kugeln formen. Die Reisbällchen durch das Eiweiß ziehen und mit den Reisflakes panieren. In einem Topf reichlich Öl zum Frittieren erhitzen und die Reisbällchen darin portionsweise ausbacken. Auf Küchenpapier abtropfen lassen und warm halten.

PAK CHOI
Pak Choi waschen, trocken tupfen und halbieren. Ingwer schälen und in dünne Scheiben schneiden. Knoblauch schälen und andrücken. Pak Choi in einer Pfanne mit etwas Sesamöl, Soja- und Oystersauce, Ingwer, Knoblauch und Fond schmoren.

KABELJAU
Die Kabeljaufilets waschen, trocken tupfen, salzen und pfeffern und in einen Bambuskorb legen. Das Zitronengras etwas andrücken und mit den Limettenblättern und ausreichend Wasser in einem Topf zum Sieden bringen. Den Bambuskorb so hineinstellen, dass er keinen Kontakt zum Wasser hat. Den Fisch auf diese Weise ca. 10 Minuten dämpfen.

ENTENZUNGEN
Die Entenzungen in der Teriyakisauce erwärmen.

ANRICHTEN
Nach Belieben aus dem Bananenblatt vier Kreise schneiden und das Gericht darauf anrichten. Die gedämpften Fischfilets auf Tellern anrichten. Entenzungen und Reisbällchen dekorativ dazulegen. Geschmorten Pak Choi verteilen. Mit etwas Teriyakisauce beträufeln.

MAGRET DE CANARD »ROSSINI«

MAGRET DE CANARD »ROSSINI«

FÜR 4 PERSONEN

ENTENBRUST
1 Magret Entenbrust (ca. 350–400g)
Meersalz
Pfeffer aus der Mühle
1 EL Trüffelhonig

MANGOLDGEMÜSE
1 Schalotte
200g gelber Mangold
30g Butter
20g Zedernkerne
Meersalz
Muskatnuss
Zucker

TRÜFFELSAUCE
10g Wintertrüffel
50ml Madeira
100ml Entenjus (siehe Seite 211)
20ml Trüffeljus (siehe Seite 213)

ENTENSTOPFLEBER
4 Scheiben Entenstopfleber (à ca. 50g)
Meersalz
Zucker
Weizenmehl zum Wenden

ANRICHTEN
10g gehackte Zedernkerne

ENTENBRUST

Die Entenbrust von Sehnen, Federresten und überschüssigem Fett befreien, dann waschen und trocken tupfen. Die Haut kreuzförmig einschneiden. In einem geeigneten Beutel vakuumieren und in einem vorgeheizten Wasserbad bei etwa 60°C ca. 20 Minuten sous vide garen. Aus dem Beutel nehmen und mit Salz und Pfeffer würzen.

Den Backofengrill auf höchster Einstellung aufheizen.

Kurz vor dem Anrichten die Entenbrust in einer ofenfesten Pfanne ohne Zugabe von Fett auf der Hautseite kräftig anbraten. Auf die Fleischseite drehen und kurz ruhen lassen. Erneut wenden, die Hautseite mit dem Trüffelhonig einpinseln und unter dem Backofengrill karamellisieren.

MANGOLDGEMÜSE

Die Schalotte schälen und in feine Würfel schneiden. Mangold putzen, waschen und trocken schleudern. Die Blätter von den Stielen zupfen. Die Blätter beiseitelegen und die Stiele schräg in Stifte schneiden. In einer Pfanne 10g Butter erhitzen und die Schalottenwürfel mit den Zedernkernen langsam anschwitzen. Mangoldblätter hinzufügen und ca. 2 Minuten gar ziehen lassen. Mit Salz und frisch geriebener Muskatnuss abschmecken. Die Mangoldstiele in einer Pfanne in der restlichen zerlassenen Butter anschwitzen. Mit Salz und Zucker abschmecken.

TRÜFFELSAUCE

Den Trüffel schälen und die Schale klein hacken. In einem Topf mit Madeira auf die Hälfte reduzieren. Entenjus dazugießen und mit Trüffeljus abschmecken.

ENTENSTOPFLEBER

Von der Entenstopfleber die Haut abschaben, die Leberscheiben von Venen und Adern befreien, dann mit Salz und Zucker würzen. Von beiden Seiten in etwas Mehl wenden und in einer Pfanne ohne Zugabe von Fett von jeder Seite ca. 1 Minute goldbraun braten.

ANRICHTEN

Die Entenbrust aufschneiden und jeweils ein Stück in der Tellermitte anrichten. Das Mangoldblattgemüse dekorativ anrichten. Darauf die Entenleber platzieren. Mit den Mangoldstielen garnieren. Die Trüffelsauce als Linie ziehen. Zum Schluss noch Trüffel in Scheiben darüberhobeln und mit den Zedernkernen ausgarnieren.

TIPP Servieren Sie dazu selbst gemachtes Kartoffelpüree (siehe Seite 203).

GESCHMORTE BARBARIE MAIS ENTEN

GESCHMORTE BARBARIE MAIS ENTEN

FÜR 4 PERSONEN

GESCHMORTE ENTEN
2 Barbarie Maisenten (à ca. 1,8kg)
2 Zwiebeln
1 Orange
Meersalz
Pfeffer aus der Mühle
2 EL Orangenblütenhonig
Speisestärke, nach Belieben

SAUCE
1 Karotte
1 Knoblauchzehe
5 Schalotten
1 Stange Staudensellerie
½ Stange Lauch
40g Entenfett von der Bauchhöhle
½ EL Tomatenmark
30ml Balsamico
300ml Rotwein (Spätburgunder)
250ml Entenfond (siehe Seite 211)

GESCHMORTE ENTEN

Die Enten innen und außen waschen und trocken tupfen. Die Innereien (Leber, Herz, Magen und Bries) aus der Bauchhöhle entfernen und für andere Rezepte verwenden. Flügel und Hals abschneiden, Flügel hacken und beiseitestellen. Restliches Fett und Schlüsselbein (am Hals) entfernen.

Die Zwiebeln und Orange schälen, grob zerteilen und in die Bauchhöhle der Enten füllen. Die Enten mit Salz und Pfeffer kräftig einreiben und ca. 10 Minuten bei Zimmertemperatur ziehen lassen.

Den Backofen auf 160°C Umluft vorheizen.

Ein Blech mit zwei Tassen Wasser füllen und die Enten mit der Brust nach oben hineinlegen. Ca. 105 Minuten braten. Für die letzten 10 Minuten die Temperatur auf 220°C erhöhen, damit die Enten noch eine schöne Farbe bekommen. Dann auf Grillstufe umstellen und die Haut knusprig werden lassen. Mit Honig einstreichen und unter dem Grill karamellisieren. Achtung, das geht sehr schnell.

Die Enten vom Blech nehmen und ca. 15 Minuten ruhen lassen. Den Bratfond vom Blech mit etwas Wasser ablösen, zur Sauce geben und reduzieren. Das Fett abschöpfen und aufbewahren. Die Sauce passieren und nach Belieben mit Speisestärke zur gewünschten Konsistenz binden. Vor dem Anrichten nochmals abschmecken.

SAUCE

Karotte, Knoblauchzehe und Schalotten schälen. Das übrige Gemüse putzen, waschen und trocken schütteln. Dann das vorbereitete Gemüse in walnussgroße Stücke schneiden. Das Entenfett in einem Topf zerlassen, die gehackten Flügel und den Hals darin anbraten. Das Gemüse hinzufügen und mitbraten.

Das Tomatenmark einrühren, mitanrösten und mit Balsamico ablöschen. Weiterköcheln, bis der Essig vollständig verkocht ist und 100ml Rotwein angießen. Den Vorgang wiederholen, bis der gesamte Rotwein verbraucht und verkocht ist, und mit Entenfond auffüllen. Langsam köcheln lassen.

ANRICHTEN

Die Enten tranchieren und mit der Sauce anrichten. Mit Breznknödeln (siehe Seite 202) und Rotkohl (siehe Seite 206) servieren.

ROSA GEBRATENE CHALLANS ENTE

ROSA GEBRATENE CHALLANS ENTE

FÜR 2 PERSONEN | STANDZEIT MIND. 8 STUNDEN

1 Challans Ente (ca. 1,8kg)
40g schwarze Pfefferkörner
15g Szechuanpfeffer
20g Paradieskörner
15g Senfkörner
20g Fenchelsaat
3g Pimentkörner
20g Korianderkörner
5g essbare Lavendelblüten
1 EL Steineichenhonig
Meersalz

Die Ente innen und außen gründlich waschen und trocken tupfen. Innereien aus der Bauchhöhle nehmen. Flügel und Hals abhacken, das Schlüsselbein am Hals entfernen. Die Ente im Kühlschrank mindestens 8 Stunden, jedoch am besten über Nacht, auf einem Teller oder Blech offen stehen lassen, damit die Haut antrocknet.

Eine Stunde vor dem Braten aus dem Kühlschrank nehmen. Den Backofen auf 220°C Umluft vorheizen.

Die Gewürze und Blüten gut vermischen und in eine Gewürzmühle geben. Die Ente gleichmäßig mit Honig bestreichen und mit der Gewürzmischung grob bestreuen. Mit Meersalz gleichmäßig würzen. Die Ente in einem Bräter im Backofen ca. 35 Minuten braten. Danach aus dem Ofen nehmen und beiseitestellen.

Den Backofen auf 60°C abkühlen und die Ente darin ca. 20 Minuten ruhen lassen. Den Backofengrill auf höchster Stufe einschalten und die Entenhaut darunter karamellisieren lassen. Achtung, das geht sehr schnell.

Die Entenbrüste auslösen. Die Keulen ebenfalls auslösen und für ein anderes Rezept, z.B. zum Confieren benutzen, da sie noch einmal ca. 2 Stunden im Backofen garen müssen, bis sie zart sind (siehe Seite 181).

Die rosa gebratenen Entenbrüste dienen als Basis für die Rezepte auf den folgenden Seiten.

CHALLANS ENTE
BOHNENCREME, PFIRSICHSPALTEN UND STEINPILZE

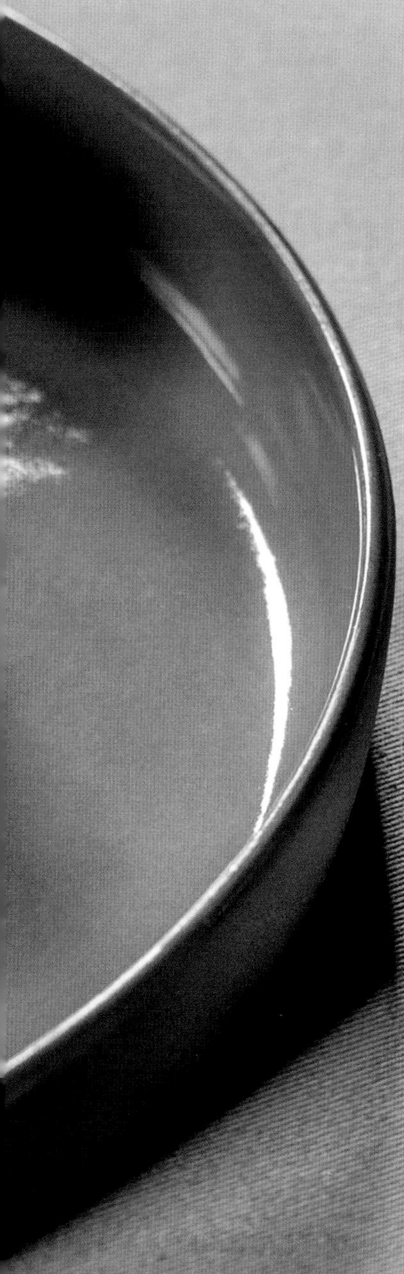

CHALLANS ENTE – BOHNENCREME, PFIRSICHSPALTEN UND STEINPILZE

FÜR 4 PERSONEN | STANDZEIT ÜBER NACHT

BOHNENCREME
100g dicke weiße Bohnen
1 Schalotte
20ml Olivenöl
Mineralwasser
2 Scheiben Bacon
150g Crème fraîche
30g gebräunte Butter
Meersalz

PFIRSICHE UND STEINPILZE
2 gelbfleischige Pfirsiche
20g Zucker
30g Butter
12 kleine Steinpilze
1 Schalotte
1 Knoblauchzehe
1 Zweig Rosmarin
1 Zweig Thymian
20ml Rapsöl
Meersalz
Pfeffer aus der Mühle

ANRICHTEN
2 rosa gebratene Challans Entenbrüste (siehe Seite 108)
1 Schälchen Petersilienkresse
gebratene Briocheknödelscheiben (siehe Seite 202)
Entenjus (siehe Seite 211)

BOHNENCREME

Die weißen Bohnen über Nacht in reichlich kaltem Wasser einweichen.

Schalotte schälen und in feine Würfel schneiden. Das Olivenöl in einer Pfanne erhitzen und die Schalottenwürfel darin farblos anschwitzen. Die abgetropften Bohnen zugeben und mit so viel Mineralwasser auffüllen, bis sie gut bedeckt sind. Die Baconscheiben hinzufügen und bei geschlossenem Deckel ca. 1,5 Stunden bei geringer Temperatur weich köcheln.

Nach Ende der Garzeit den Bacon entfernen, Wasser abgießen, aber den Sud in einem Topf auffangen. Ein paar schöne Bohnenkerne als Garnitur zur Seite stellen. Die restlichen Bohnenkerne in einen Standmixer geben und mit der Crème fraîche und der gebräunten Butter fein pürieren. Um eine cremige Konsistenz zu erhalten, nach Bedarf etwas von dem aufgefangenen Bohnenwasser hinzufügen. Mit Salz abschmecken und warm stellen.

PFIRSICHE UND STEINPILZE

Die Pfirsiche gründlich waschen, halbieren, Stein entfernen und das Fruchtfleisch jeweils in 8 Spalten schneiden. Zucker in einer Pfanne leicht karamellisieren. Pfirsichspalten und 20g Butter hinzufügen und karamellisieren. Bis zum Anrichten warm halten.

Steinpilze säubern und der Länge nach halbieren. Schalotte und Knoblauch schälen, Schalotte in feine Würfel schneiden, Knoblauch andrücken. Die Kräuterzweige waschen und trocken schütteln. Das Rapsöl in einer Pfanne erhitzen und die Steinpilze darin kräftig braten. Mit Salz und Pfeffer würzen und die Schalottenwürfel hinzufügen. Rosmarin, Thymian, Knoblauch, aufbewahrte Bohnenkerne und die restliche Butter dazugeben. Alles gut durchschwenken, heiß werden lassen und vor dem Anrichten auf Küchenpapier abtropfen lassen.

ANRICHTEN

Die Bohnencreme dekorativ auf die Teller streichen. Die Challans Entenbrüste aufschneiden und anrichten. Die Pfirsichspalten, Bohnenkerne und Steinpilze dekorativ verteilen. Mit Petersilienkresse ausgarnieren. Etwas Entenjus tropfenförmig verteilen. Mit den gebratenen Briocheknödelscheiben servieren.

CHALLANS ENTE

SELLERIE, PUMPERNICKEL-KNÖDEL, CHICORÉE UND PFIFFERLINGE

CHALLANS ENTE – SELLERIE, PUMPERNICKEL-KNÖDEL, CHICORÉE UND PFIFFERLINGE

FÜR 4 PERSONEN

SELLERIE
1 Knollensellerie (ca. 1 kg)
Meersalz
100 g Crème fraîche
Saft von 1 Zitrone
20 g gebräunte Butter
10 g Butter

PUMPERNICKEL-KNÖDEL
½ Rezept Kartoffelkloßmasse (siehe Seite 202)
2 Scheiben Pumpernickel
Meersalz

PFIFFERLINGE
100 g Pfifferlinge
Butter zum Braten
Meersalz
Pfeffer aus der Mühle

CHICORÉE
4 eingelegte Chicorée (siehe Seite 204)

ANRICHTEN
2 rosa gebratene Challans Entenbrüste (siehe Seite 108)
Entenjus (siehe Seite 211)
einige Kapuzinerkresseblätter

AUSSERDEM
Kugel- und Perlenausstecher

SELLERIE

Sellerie putzen, schälen und mit einem Kugelausstecher 12 große Kugeln und mit einem Perlenausstecher 30 kleine Perlen ausstechen. Restlichen Sellerie klein schneiden und in reichlich kochendem Salzwasser sehr weich garen. Abtropfen lassen und in einem Standmixer pürieren. Mit Crème fraîche, Zitronensaft und gebräunter Butter abschmecken. Die Kugeln und Perlen in dem kochenden Salzwasser blanchieren und in ausreichend Eiswasser abschrecken. Kurz vor dem Anrichten die Butter aufschäumen lassen und die Selleriekugeln und -perlen darin erwärmen.

PUMPERNICKEL-KNÖDEL

Die Kartoffelkloßmasse wie im Rezept beschrieben, jedoch nur die Hälfte, herstellen. Pumpernickel sehr fein hacken und die Hälfte unter die Kartoffelkloßmasse kneten. Aus der Masse mit angefeuchteten Händen kleine, gleich große Knödel formen, in reichlich siedendem Salzwasser kochen, bis sie oben schwimmen und dann ca. 10 Minuten ziehen lassen. Knödel herausnehmen und in den restlichen Pumpernickelbröseln wenden.

PFIFFERLINGE

Die Pfifferlinge gründlich säubern und klein schneiden. In einer Pfanne in etwas heißer Butter schwenken, salzen und pfeffern.

CHICORÉE

Die Chicoréeblätter auf einem Sieb abtropfen lassen, dabei den Sud auffangen. Diesen in einem Topf reduzieren, bis ein Sirup entsteht. Chicorée hinzufügen und darin erwärmen.

ANRICHTEN

Chicoréeblätter aufstellen und die Selleriekugeln und -perlen verteilen. Pfifferlinge und Pumpernickelknödel dazu anrichten. Die Entenbrüste in Balken schneiden und platzieren. Mit Kapuzinerkresseblättern ausgarnieren und mit einigen Pumpernickelbröseln bestreuen. Etwas Entenjus verteilen.

Die Selleriecreme separat dazureichen.

CHALLANS ENTE

KÜRBIS, ROSENKOHL, KERNÖL UND ZIMTBLÜTENJUS

CHALLANS ENTE – KÜRBIS, ROSENKOHL, KERNÖL UND ZIMTBLÜTENJUS

FÜR 4 PERSONEN

EINGELEGTER KÜRBIS
200g Hokkaidokürbis
100ml Wasser
100ml weißer Balsamico
½ TL Senfkörner
1 Sternanis
1 Nelke
2 Pimentkörner

KÜRBISSPÄTZLE
500g Hokkaidokürbis
Abrieb und Saft von
1 unbehandelten Orange
20g Currypulver
Meersalz
2 TL Zucker
1 Ei
2 Eigelb
200g Weizenmehl
40ml Pflanzenöl
100ml Sahne

ROSENKOHL
200g Rosenkohl
Meersalz
1 Schalotte
2 Scheiben Bacon
20g Butter
Pfeffer aus der Mühle

ZIMTBLÜTENJUS
200ml Entenjus (siehe Seite 211)
10 Zimtblüten

ANRICHTEN
2 rosa gebratene Challans Entenbrüste
(siehe Seite 108)
40ml Kürbiskernöl
1 EL Kürbiskerne

AUSSERDEM
Spritzflasche

EINGELEGTER KÜRBIS
Den Hokkaidokürbis waschen, putzen und das Fruchtfleisch in dünne Streifen schneiden oder hobeln. Die restlichen Zutaten in einem Topf aufkochen. Die Kürbisstreifen zugeben, nochmal aufkochen und im Sud abkühlen lassen. Zum Anrichten herausnehmen und zu Röllchen aufrollen.

KÜRBISSPÄTZLE
Den Backofen auf 160°C Ober- und Unterhitze vorheizen.

Den Hokkaidokürbis gut waschen, vierteln und von den Kernen befreien. Mit Orangenabrieb, Currypulver, 1 EL Salz und Zucker bestreuen und vollständig in Alufolie einwickeln. Auf einem Blech im Ofen ca. 60 Minuten schmoren, bis er schön weich ist, aber noch keine Farbe angenommen hat. Nach Ende der Garzeit auswickeln und die Viertel gegebenenfalls portionsweise in einem Standmixer fein pürieren und das Püree kalt werden lassen.

100g Püree abnehmen und mit Ei sowie Eigelben mixen, dann das Mehl unterheben. Den Teig so lange schlagen, bis er Blasen wirft. Wenn der Teig zu weich ist, noch etwas Mehl hinzufügen. Anschließend ca. 10 Minuten quellen lassen.

Den Teig portionsweise dünn auf ein Spätzlebrett streichen und davon Spätzle in reichlich kochendes Salzwasser schaben. Einmal aufkochen, herausnehmen und die Spätzle in kaltem Wasser abschrecken. Mit etwas Öl beträufeln, damit sie nicht zusammenkleben. Vor dem Servieren kurz in einer Pfanne heiß werden lassen.

Restliches Kürbispüree durch ein feines Sieb streichen und etwas Sahne unterrühren, bis die gewünschte Konsistenz erreicht ist. Mit Salz und etwas Orangensaft abschmecken.

ROSENKOHL
Den Rosenkohl waschen, die Strünke herausschneiden und die Blätter von den einzelnen Röschen trennen. Die Blätter in reichlich kochendem Salzwasser kurz blanchieren, in ausreichend Eiswasser abschrecken und abtropfen lassen. Schalotte schälen und in feine Würfel schneiden. Den Bacon in Streifen schneiden. Die Butter aufschäumen und Schalotte und Bacon darin farblos anschwitzen. Rosenkohlblätter hinzufügen, kurz durchschwenken und mit Salz und etwas Pfeffer abschmecken.

ZIMTBLÜTENJUS
Die Jus aufkochen und die angestoßenen Zimtblüten ca. 10 Minuten darin ziehen lassen. Dann durch ein Sieb passieren.

ANRICHTEN
Das restliche Kürbispüree erwärmen, in eine Spritzflasche geben und Punkte auf den Tellern verteilen. Rosenkohlblätter und Kürbisspätzle anrichten. Die Entenbrüste in Stücke schneiden und platzieren. Die Teller dekorativ mit Kürbiskernöl beträufeln und die Zimtblütenjus als Linie ziehen. Mit Kürbiskernen bestreuen. Die eingelegten Kürbisröllchen dekorativ platzieren.

CHALLANS ENTE

BLUMENKOHL, RADIESCHEN, SENFKÖRNER UND MEERRETTICH

CHALLANS ENTE – BLUMENKOHL, RADIESCHEN, SENFKÖRNER UND MEERRETTICH

FÜR 4 PERSONEN

1 weißer Blumenkohl
Butter zum Anschwitzen
1 EL Semmelbrösel
Meersalz
50g gebräunte Butter
100g Crème fraîche
12 Röschen gelber Blumenkohl
1 kleiner violetter Blumenkohl
200ml weißer Balsamico
Entenfett zum Braten
Pfeffer aus der Mühle
8 Radieschen

ANRICHTEN
2 EL eingelegte Senfkörner (siehe Seite 213)
4cm geschälte Meerrettichwurzel
2 rosa gebratene Challans Entenbrüste (siehe Seite 108)
einige Blätter Blutampfer

AUSSERDEM
Spritzbeutel mit Lochtülle

Den Blumenkohl putzen, sechs große Röschen abschneiden, waschen und trocken tupfen. Daraus je zwei Scheiben schneiden, am besten aus der Mitte, da der Strunk die Scheiben zusammenhält.

Zwei weitere Röschen abtrennen, waschen, trocken tupfen, nur die Blütensprossen abschneiden und sehr fein hacken. In einer Pfanne mit Butter anschwitzen, die Semmelbrösel hinzufügen und mit etwas Salz würzen. Weiterrösten bis die Brösel goldbraun und knusprig sind.

Restlichen Blumenkohl klein schneiden, in ausreichend Salzwasser sehr weich kochen und abtropfen lassen. Blumenkohl mit der gebräunten Butter in einem Standmixer zu einem glatten Püree verarbeiten. Nach und nach die Crème fraîche hinzufügen, bis die gewünschte Konsistenz erreicht ist.

Die gelben Blumenkohlröschen in reichlich kochendem Salzwasser blanchieren, in ausreichend Eiswasser abschrecken und gut abtropfen lassen.

Violetten Blumenkohl putzen, kleine Röschen abtrennen und waschen. Anschließend blanchieren, abschrecken und abtropfen lassen. Weißen Balsamico mit der gleichen Menge Wasser aufkochen und die violetten Röschen darin einlegen.

Die Blumenkohlscheiben in etwas Entenfett langsam von beiden Seiten braten. Mit Salz und Pfeffer kräftig würzen.

Radieschen putzen, jedoch etwas Grünansatz stehen lassen und die Radieschen halbieren. Zusammen mit den gelben Blumenkohlröschen in etwas heißer Butter mit 2 Esslöffeln Wasser sautieren. Mit Salz abschmecken. Den violetten Blumenkohl erwärmen.

ANRICHTEN

Blumenkohlpüree in einen Spritzbeutel geben und in kleinen Tupfen auf die Teller spritzen. Blumenkohlscheiben, -röschen und Radieschen platzieren. Senfkörner verteilen. Mit den Blumenkohlbröseln bestreuen. Meerrettich frisch reiben und kleine Häufchen auf die Teller setzen. Die Entenbrust in Scheiben aufschneiden und anrichten. Mit Blutampferblättern ausgarnieren.

CHALLANS ENTE

MAISCREME, ROTER MANGOLD, ERDNÜSSE UND BLAUBEEREN

MAIS
Maissponge (siehe Seite 204)
1 gekochter Maiskolben
Butter zum Braten
Meersalz
Pfeffer aus der Mühle
Piment d'Espelette

MANGOLD
1 Schalotte
1 Knoblauchzehe
350g roter Minimangold
20g Butter
Meersalz
40g geröstete Erdnüsse
Pfeffer

BLAUBEEREN
50g Blaubeeren
20g Zucker
100ml Rotwein

ANRICHTEN
Maiscreme (siehe Seite 174)
2 rosa gebratene Challans Entenbrüste
(siehe Seite 108)
Entenjus (siehe Seite 211)

CHALLANS ENTE – MAISCREME, ROTER MANGOLD, ERDNÜSSE

FÜR 4 PERSONEN | STANDZEIT ÜBER NACHT

MAIS
Den Maissponge herstellen und in eine Espumaflasche füllen. Am besten über Nacht kalt stellen. Kurz vor dem Servieren jeweils etwas Maisspongeespuma in Einweg-Kaffeebecher füllen, sodass sie etwa zu zwei Dritteln gefüllt sind, und ca. 30 Sekunden bei 900 Watt in der Mikrowelle stocken lassen. Vorsichtig aus dem Becher nehmen und direkt anrichten.

Von dem Maiskolben mit einem scharfen Messer von allen Seiten die Körner so abschneiden, dass sie noch zusammenbleiben. Die Maisstränge in einer Pfanne mit Butter langsam braten. Mit Salz, Pfeffer und zum Schluss mit Piment d'Espelette abschmecken.

MANGOLD
Schalotte und Knoblauch schälen, Schalotte fein würfeln und den Knoblauch andrücken. Minimangold putzen, waschen und trocken schütteln. In einer Pfanne die Butter aufschäumen, die Schalottenwürfel darin anschwitzen und den Minimangold hinzufügen. Mit etwas Salz würzen und den Knoblauch hinzufügen. Alles ca. 1 Minute langsam garen. Erdnüsse grob hacken und zugeben. Knoblauch wieder entfernen und mit Salz und Pfeffer abschmecken. Auf einem Sieb etwas ausdrücken.

BLAUBEEREN
Die Blaubeeren verlesen, waschen und gut abtropfen lassen. Den Zucker in einer Pfanne karamellisieren und mit Rotwein ablöschen. Soweit reduzieren, bis ein Sirup entstanden ist. Blaubeeren hinzufügen, vom Herd nehmen und ziehen lassen.

ANRICHTEN
Die Maiscreme erwärmen und auf die Teller verstreichen. Vom Mangold kleine Päckchen formen und anrichten. Die Maisstränge in grobe Stücke brechen und auf den Tellern verteilen. Blaubeeren und Erdnüsse ebenfalls verteilen. Den Maissponge zerteilen und platzieren. Die Entenbrüste aufschneiden und anrichten. Mit der Jus feine Linien ziehen.

UND BLAUBEEREN

CHALLANS ENTE

À LA PRESSE

CHALLANS ENTE À LA PRESSE

FÜR CA. 250ML

Knochen und Karkassen von 1 Challans Ente
1 Schalotte
Butter zum Anschwitzen
20ml Cognac
50ml Madeira
100ml Entenjus (siehe Seite 211)
Meersalz

Die Entenknochen und Karkassen in eine Entenpresse geben, den Saft auspressen und dabei auffangen.

In der Zwischenzeit die Schalotte schälen und in sehr feine Würfel schneiden. Die Würfel in der heißen Butter farblos anschwitzen. Mit dem Cognac ablöschen und flambieren.

Mit Madeira ablöschen und zur Hälfte reduzieren. Entenjus zugießen und erwärmen. Den entstandenen Saft aus der Entenpresse langsam bei sehr geringer Temperatur einrühren. Mit Salz abschmecken.

Wer eine Entenpresse besitzt, kann diese Sauce generell zu allen Entengerichten reichen.

„Mittag Spezial"
0,25l 2012 Riesling Huth
0,25l San Pellegrino
Tagesteller
zu 20 €

BISTRO

CHICORÉESALAT MIT GRIEBEN UND BLAUBEEREN

FÜR 4 PERSONEN I STANDZEIT CA. 60 MINUTEN

DRESSING
1 frisches Eigelb
1 TL Senf
200ml Rapsöl
50ml weißer Balsamico
100g Schmand
Meersalz
Pfeffer aus der Mühle
1 Zwiebel
1 Knoblauchzehe
3 Stängel glatte Petersilie

SALAT
400g Chicoréestauden
Meersalz

BLAUBEEREN
100g Blaubeeren
1 TL Puderzucker

GRIEBEN
200g Entenflomen (Fett aus der Bauchhöhle) oder Entenhaut

CROÛTONS
2 Scheiben Schwarzbrot
Entenfett zum Braten

DRESSING

Das Eigelb mit dem Senf vermischen und das Öl in einem langsamen Strahl in das Eigelb rühren, bis eine Mayonnaise entsteht. Wenn die Masse zu dick wird, einen kleinen Schuss Balsamico hinzufügen. Den Schmand unterrühren und mit Salz und Pfeffer abschmecken. Die Zwiebel schälen, die Knoblauchzehe zerdrücken. Petersilienstängel waschen und trocken schütteln. Zwiebel, Knoblauch und Petersilienstängel darin ca. 60 Minuten ziehen lassen. Dann das Dressing passieren.

SALAT

Die Chicoréestauden halbieren, den Strunk herausschneiden und die Stauden entblättern. Die ganzen Blätter für ca. 10 Minuten in lauwarmes Wasser legen und Salz hinzufügen. Das entzieht ihnen die Bitterstoffe. Herausnehmen und gut abtropfen lassen.

BLAUBEEREN

Die Blaubeeren verlesen, waschen, abtropfen lassen und mit dem Puderzucker bestäuben, bis sie glänzen.

GRIEBEN

Den Entenflomen klein schneiden und in einer Pfanne auslassen. Das Fett durch ein Sieb schütten und die Krusteln auf Küchenpapier abtropfen lassen. Krusteln zu Grieben hacken.

CROÛTONS

Vom Schwarzbrot die Rinde abschneiden und das übrige Brot in feine Würfel schneiden. Die Brotwürfel in Entenfett zu knusprigen Croûtons braten und auf Küchenpapier abtropfen lassen.

ANRICHTEN

Die Chicoréeblätter mit dem Dressing marinieren, auf Tellern anrichten und mit den Blaubeeren, Grieben und Croûtons garnieren.

GEPÖKELTE ENTENMÄGEN & FELDSALAT MIT RADIESCHEN, BLUMENKOHL UND MEERRETTICH

FÜR 4 PERSONEN | STANDZEIT CA. 3 TAGE

PÖKELLAKE
100ml Wasser
10g Pökelsalz
1 Lorbeerblatt
1 TL Senfkörner
10 Pfefferkörner

ENTENMÄGEN
1 Zwiebel
1 Karotte
1 Stange Staudensellerie
400g Entenmägen

GEMÜSE
4 Blumenkohlröschen
Vinaigrette (siehe Seite 213)
100g Feldsalat

CROÛTONS
2 Scheiben Schwarzbrot
50ml Pflanzenöl

ANRICHTEN
geschälte Meerrettichwurzel
4 Radieschen
20ml Arganöl

PÖKELLAGE
Das Wasser mit dem Pökelsalz und den Gewürzen in einen Topf geben, einmal aufkochen, bis sich das Salz auflöst. Abkühlen lassen und die Entenmägen darin einlegen. Ca. 3 Tage im Kühlschrank pökeln.

ENTENMÄGEN
Das Gemüse putzen, schälen und klein schneiden. Die Pökelflüssigkeit abgießen und die Entenmägen, bedeckt mit Wasser, mit dem Gemüse langsam ca. 2–3 Stunden köcheln lassen, bis sie weich sind. In der Flüssigkeit abkühlen lassen. Dann herausnehmen, abtropfen lassen und in feine Scheiben schneiden.

GEMÜSE
Blumenkohl putzen, waschen und mit einem Küchenhobel in feine Scheiben schneiden. Mit der Vinaigrette marinieren.

Feldsalat putzen, waschen und trocken schleudern.

CROÛTONS
Vom Schwarzbrot die Rinde entfernen und das Brot in feine Würfel schneiden. Im Pflanzenöl langsam braten, bis sie schön knusprig sind. Auf Küchenpapier abtropfen lassen.

ANRICHTEN
Feldsalat auf Tellern anrichten und mit Vinaigrette beträufeln. Scheiben von gepökelten Entenmägen darüber verteilen. Blumenkohlscheiben anlegen und den Meerrettich fein darüberreiben. Radieschen waschen, putzen und in feinen Scheiben dünn darüberhobeln. Arganöl darüberträufeln und die Schwarzbrotcroûtons darauf verteilen.

ENTENLEBER CRÈME BRÛLÉE

FÜR CA. 600 G | STANDZEIT ÜBER NACHT

50g Schalotten
1 kleiner Apfel
100ml Sherry
100ml weißer Portwein
150ml Madeira
250g Entenlebern
10g Pökelsalz
100ml Sahne
2 Eier
Meersalz
weißer Pfeffer aus der Mühle
250g geklärte Butter
50ml Trüffeljus (siehe Seite 213)

ANRICHTEN
Zucker zum Bestreuen
Brioche, nach Belieben (siehe Seite 214)

AUSSERDEM
ofenfeste Förmchen
Bunsenbrenner

Die Schalotten schälen, den Apfel ebenfalls schälen und das Kerngehäuse entfernen. Schalotten und Apfel klein schneiden. Sherry, Portwein und Madeira in einen Topf geben. Apfel- und Schalottenstücke hinzufügen, aufkochen und reduzieren, bis die Flüssigkeit fast vollständig verdampft ist.

Die Entenlebern waschen, trocken tupfen und grob schneiden. Mit Pökelsalz, der Reduktion, der Sahne und den Eiern in einem Standmixer fein pürieren. Mit Salz und Pfeffer würzen. Durch ein feines Sieb passieren und zurück in den Mixer geben. Die Butter erwärmen und langsam hineinmixen, bis eine homogene Masse entsteht. Trüffeljus hinzufügen und nochmals würzen.

Backofen auf 80°C Umluft vorheizen.

Die Masse in kleine Förmchen füllen und auf ein Blech stellen. Abdecken und heißes Wasser angießen, sodass die Förmchen zu zwei Dritteln im Wasser stehen, und ca. 20 Minuten stocken lassen. Die Förmchen herausnehmen, abkühlen lassen und am besten über Nacht kalt stellen.

ANRICHTEN

Die Crème kurz vor dem Servieren mit Zucker bestreuen und mit einem Bunsenbrenner abflämmen. Nach Belieben mit Brioche servieren.

ENTENLEBERPARFAIT KLASSISCH

FÜR CA. 800 G | STANDZEIT ÜBER NACHT

1 Apfel
1 Schalotte
1 Orange
100ml Rotwein
100ml roter Portwein
Mandellikör (z.B. Amaretto)
1 Zweig Thymian
1 Zweig Rosmarin
250g Entenlebern
10g Pökelsalz
150ml Sahne
2 Eier
250g geklärte Butter
Meersalz
weißer Pfeffer aus der Mühle
Cognac, nach Belieben

ANRICHTEN
Brioche, nach Belieben (siehe Seite 214)

AUSSERDEM
Kastenform (800ml Inhalt)

Den Apfel, die Schalotte und die Orange samt der weißen Haut schälen. Apfel vierteln, das Kerngehäuse entfernen und die Früchte sowie Schalotte klein schneiden. Alles in einen Topf geben, mit Rotwein, Portwein und einem Schuss Mandellikör auffüllen und langsam einkochen, bis ein Sirup entstanden ist. Die Masse in einem Standmixer pürieren.

Die Kräuter waschen, trocken schütteln und die Blättchen bzw. Nadeln abzupfen. Zum Sirup geben und ca. 10 Minuten darin ziehen lassen. Anschließend durch ein feines Sieb passieren.

Den Backofen auf 80°C Umluft vorheizen.

Die Entenlebern waschen, trocken tupfen, mit dem Pökelsalz mischen und ca. 20 Minuten marinieren. Im Standmixer mit dem Fruchtsirup, Sahne und den Eiern pürieren. Die Butter leicht erwärmen und während des Püriervorgangs langsam dazugießen. Mit Salz, etwas Pfeffer und nach Belieben einem Schuss Cognac abschmecken.

Die Masse in kleine Formen oder in eine mit Klarsichtfolie ausgelegte Kastenform füllen und auf ein Blech stellen. Abdecken und heißes Wasser angießen, sodass die Formen bzw. Kastenform zu zwei Dritteln im Wasser stehen und ca. 50 Minuten pochieren. Herausnehmen, abkühlen lassen und über Nacht kalt stellen.

ANRICHTEN

Das Entenleberparfait direkt in den Formen servieren oder Nocken abstechen, anrichten und mit Brioche servieren.

GERÄUCHERTES ENTENLEBERPARFAIT MIT STUD»ENTEN«FUTTER

FÜR 4 PERSONEN | STANDZEIT ÜBER NACHT

REDUKTION
3 Schalotten
1 Apfel
100 ml Sherry
100 ml weißer Portwein
100 ml Madeira

ENTENLEBERPARFAIT
500 g Entenlebern
10 g Pökelsalz
5 Eier
Meersalz
weißer Pfeffer aus der Mühle
400 g geklärte Butter
100 ml Sahne

RIESLINGGELEE
100 ml Riesling
50 g Rosinen
1 Blatt Gelatine

SELLERIE
100 g Knollensellerie
Meersalz
1 EL Crème fraîche
Zitronensaft
Pfeffer aus der Mühle

ANRICHTEN
einige Sellerieblätter
50 g Studentenfutter

AUSSERDEM
Räucherpfeife
Buchenspäne
Terrinenform

REDUKTION

Die Schalotten schälen und klein schneiden. Den Apfel schälen, das Kerngehäuse entfernen und das Fruchtfleisch klein schneiden. Sherry, Portwein und Madeira in einen Topf gießen. Apfel und Schalotten hinzufügen, aufkochen und reduzieren, bis die Flüssigkeit fast vollständig verdampft ist.

ENTENLEBERPARFAIT

Den Backofen auf 80°C Umluft vorheizen.

Die Entenlebern putzen, waschen und trocken tupfen. Eine Räucherpfeife mit Buchenspänen füllen, entzünden, die Entenlebern damit bedampfen und mit dem Rauch ca. 10 Minuten abgedeckt durchziehen lassen. Die geräucherten Lebern mit Pökelsalz, Reduktion und den Eiern in einem Standmixer pürieren und mit Salz und Pfeffer würzen. Durch ein Sieb passieren und zurück in den Mixer geben. Die geklärte Butter leicht erwärmen, nach und nach dazugießen und unterrühren, bis eine homogene Masse entsteht. Die Sahne hinzufügen und nochmals würzen. Die Masse in eine große, mit Klarsichtfolie ausgelegte Terrinenform füllen und auf ein Blech stellen. Abdecken und heißes Wasser angießen, sodass die Form zu zwei Dritteln im Wasser steht, und ca. 50 Minuten pochieren. Die Form herausnehmen, abkühlen lassen und über Nacht kalt stellen.

RIESLINGGELEE

Den Riesling aufkochen, die Rosinen hinzufügen, ca. 5 Minuten köcheln und abkühlen lassen. Die Gelatine in Wasser einweichen. Den Riesling erneut erwärmen und die ausgedrückte Gelatine darin unter Rühren auflösen. Durch ein Sieb passieren und in ein flaches Gefäß füllen. Im Kühlschrank ca. 2 Stunden fest werden lassen. Das Gelee anschließend in grobe Würfel schneiden.

SELLERIE

Den Sellerie putzen, schälen und mit einem Spiralschneider in feine Streifen schneiden oder auf einem Küchenhobel fein hobeln und in spaghettiartige Streifen schneiden. In reichlich kochendem Salzwasser blanchieren und in ausreichend Eiswasser abschrecken. Die gut abgetropften Selleriestreifen mit Crème fraîche verrühren und mit einem Spritzer Zitronensaft, Salz und Pfeffer abschmecken. Kurz marinieren und vor dem Anrichten die Flüssigkeit etwas ausdrücken. Den abgetropften Sud kurz aufschäumen.

ANRICHTEN

Sellerieblätter waschen und trocken tupfen. Die obere Schicht des Parfaits abkratzen. Pro Teller drei kleine Nocken vom Parfait abstechen und anrichten. Etwas aufgeschäumten Sud dekorativ verteilen. Mit Studentenfutter, Sellerieblättern und Rieslinggelee garnieren.

ENTENSCHINKEN IM PASTINAKENSÜPPCHEN MIT HASELNÜSSEN UND PETERSILIENPESTO

FÜR 4 PERSONEN

PASTINAKENSUPPE
500g Pastinaken
1 Stange Lauch
2 Zwiebeln
5 kleine Champignons
Butter zum Anschwitzen
Meersalz
weißer Pfeffer aus der Mühle
100ml Weißwein
1l Entenfond (siehe Seite 211)
250ml Sahne
Zitronensaft

PETERSILIENPESTO
50g glatte Petersilie
50g geschälte Haselnüsse
100ml Rapsöl
20ml geröstetes Haselnussöl
Zitronensaft

ANRICHTEN
1 Entenschinken von der Brust (siehe Seite 16)
1 Schälchen Petersilienkresse

PASTINAKENSUPPE

Die Pastinaken schälen und in grobe Würfel schneiden. Den Lauch putzen und waschen, nur das Weiße verwenden. Die Zwiebeln schälen, die Champignons säubern. Das Gemüse und die Pilze klein schneiden.

Etwas Butter in einem Topf erhitzen und die Pastinakenwürfel darin anschwitzen. Zwiebeln, Lauch und Champignons hinzufügen und mitschmoren, mit etwas Salz und wenig Pfeffer würzen. Mit Weißwein ablöschen und mit Entenfond auffüllen.

Den Fond zur Hälfte reduzieren und die Sahne angießen. Die Suppe mit einem Pürierstab durchmixen und anschließend durch ein feines Sieb passieren. Mit Salz und einem Schuss Zitronensaft abschmecken.

PETERSILIENPESTO

Die Petersilie waschen, trocken schütteln, Blättchen abzupfen mit der Hälfte der Haselnüsse, zweierlei Öl und einem Spritzer Zitronensaft in einem Standmixer fein pürieren. Die restlichen Haselnüsse grob hacken und in einer Pfanne ohne Zugabe von Fett rösten, bis sie anfangen zu knacken. Aus der Pfanne nehmen.

ANRICHTEN

Den Entenschinken in dünne Scheiben schneiden, zu Röllchen aufrollen und in tiefen Tellern anrichten. Die Suppe mit einem Pürierstab nochmal frisch aufschäumen und angießen. Etwas Petersilienpesto darübergeben, die gerösteten Haselnüsse verteilen und mit einigen Petersilienkresseblättern bestreuen.

ENTENTAGLIATA MIT RUCOLA, PARMESAN UND ALTEM BALSAMICO

FÜR 4 PERSONEN

ENTENBRÜSTE
4 weibliche Entenbrüste (à ca. 180g)
Meersalz
Pfeffer aus der Mühle

MARINADE
50g Pinienkerne
2 EL Olivenöl
2 Knoblauchzehen
2 Zweige Rosmarin
Saft von 1 Zitrone
1 Bund feiner italienischer Rucola

ANRICHTEN
50g Parmesan
20ml alter Balsamico

ENTENBRÜSTE

Den Backofen auf 180°C Umluft vorheizen.

Die Entenbrüste von Sehnen, Federresten und überschüssigem Fett befreien, dann waschen und trocken tupfen. Auf der Hautseite kreuzförmig einschneiden. Mit Salz und Pfeffer würzen und in einer ofenfesten Pfanne ohne Zugabe von Fett auf der Hautseite kräftig anbraten. Wenden, auf der Fleischseite kurz braten und wieder auf die Hautseite legen. Mit der Pfanne in den Backofen stellen und ca. 3 Minuten kräftig weiterbraten, dann auf die Fleischseite drehen und ca. 2 Minuten braten. Die Brüste aus der Pfanne nehmen, den Bratensatz für die Marinade aufbewahren und die Entenbrüste im abgekühlten Backofen bei 60°C auf einem Gitter ruhen lassen.

MARINADE

Die Pinienkerne in einer Pfanne langsam im heißen Olivenöl rösten. Die Knoblauchzehen schälen und andrücken. Rosmarin waschen, trocken schütteln und zusammen mit den Knoblauchzehen zu den Pinienkernen geben, dann mit einem Schuss Zitronensaft ablöschen. Kurz verrühren, in eine Schüssel geben und etwas abkühlen lassen. Knoblauch und Rosmarin entfernen. Vom Bratensatz der Entenbrüste das Fett abschöpfen und zur Marinade geben.

Den Rucola putzen, die Stiele abschneiden, Rucolablätter waschen und trocken schleudern. Kurz vor dem Anrichten mit der Marinade mischen.

ANRICHTEN

Die Entenbrüste in feine Scheiben schneiden und auf Tellern anrichten. Den Rucola auf den Entenbrüsten verteilen. Parmesan frisch in Spänen darüberhobeln und mit etwas Balsamico umträufeln.

ENTENRAVIOLI MIT SPINAT

FÜR 4 PERSONEN | STANDZEIT CA. 30 MINUTEN

RAVIOLITEIG
3 Eier
1 Eigelb
Meersalz
25ml Olivenöl
350g Hartweizengrieß (Semola)

FÜLLUNG
2 confierte Entenkeulen
(siehe Seite 181)
1 kleines Bund Schnittlauch
50g Karotte
30g Knollensellerie
1 EL flüssiges Entenfett
Meersalz
Pfeffer aus der Mühle
50g Schmand
20g geriebener Parmesan

SPINAT
20g Butter
20g Weizenmehl
200ml Milch
Meersalz
500g Spinat
Pfeffer aus der Mühle

ANRICHTEN
Parmesanspäne

AUSSERDEM
1 Eigelb zum Bestreichen
Hartweizengrieß zum Bearbeiten
runder Ausstecher (Ø 10cm)

RAVIOLITEIG

Eier und Eigelb mit dem Salz gut verrühren. Olivenöl und Hartweizengrieß dazugeben und mit den Knethaken eines Handrührgeräts oder in einer Küchenmaschine ca. 5 Minuten zu einem glatten Teig kneten. Zu einer Kugel formen und abgedeckt bei Zimmertemperatur ca. 30 Minuten ruhen lassen.

FÜLLUNG

Das Entenfleisch von den Knochen lösen und klein zupfen. Schnittlauch waschen, trocken schütteln und in feine Röllchen schneiden. Karotte und Sellerie putzen, schälen, fein würfeln und in einer Pfanne mit dem Entenfett langsam anschwitzen. Das Fleisch hinzufügen und mit Salz und Pfeffer kräftig würzen. Schmand, Schnittlauch und Parmesan hinzufügen und nochmals abschmecken. Aus der Masse gleichmäßige Kugeln formen.

FERTIGSTELLUNG RAVIOLI

Den Ravioliteig auf einer leicht bemehlten Arbeitsfläche dünn ausrollen und Kreise ausstechen. So weiter verfahren, bis kein Teig mehr übrig ist. Die Teigkreise mit etwas verquirltem Eigelb bestreichen. Eine Kugel Füllung in die Mitte geben, einen Kreis darauflegen und andrücken, dann die Ränder mit einer Gabel festdrücken. Die Ravioli portionsweise in reichlich kochendem Salzwasser ca. 2 Minuten garen. Herausnehmen und warm halten.

SPINAT

Die Butter in einem Topf zerlassen, das Mehl hinzufügen und ca. 2 Minuten unter Rühren langsam anschwitzen. Das Mehl sollte dabei nicht braun werden. Milch zugießen und glatt rühren. Unter Rühren bis zur gewünschten Konsistenz reduzieren. Mit Salz abschmecken.

Den Spinat putzen, waschen und trocken schleudern. In reichlich kochendem Salzwasser kurz blanchieren, in ausreichend Eiswasser abschrecken und gut abtropfen lassen. Den Spinat in die Sauce geben, gut unterrühren und heiß werden lassen. Die Sauce mit Salz und Pfeffer abschmecken.

ANRICHTEN

Jeweils etwas Spinat auf die Tellermitte geben, Ravioli daraufsetzen und mit frisch gehobelten Parmesanspänen garnieren.

TAGLIATELLE MIT ENTENRAGOUT UND ORANGEN

FÜR 4 PERSONEN | STANDZEIT CA. 3 STUNDEN

ENTENRAGOUT
3 weibliche Entenkeulen (à ca. 180g)
Meersalz
2 EL brauner Zucker
2 kleine Zwiebeln
1 Knoblauchzehe
1 TL schwarze Pfefferkörner
1 TL Paradieskörner
1 TL Koriandersamen
1 TL Fenchelsamen
1 Sternanis
Entenfett zum Braten
100ml Weißwein
Saft von 2 Orangen
ca. 1 l Entenfond (siehe Seite 211)
Speisestärke, nach Bedarf
Pfeffer aus der Mühle

TAGLIATELLE
300g Tagliatelle
Meersalz

ORANGENFILETS UND ZESTEN
1 unbehandelte Orange
250ml Wasser
30g Zucker

ANRICHTEN
frisch geriebener Parmesan
1 Töpfchen Brunnenkresse
Olivenöl

ENTENRAGOUT

Die Entenkeulen waschen und trocken tupfen. 100g Meersalz mit dem Zucker mischen und die Entenkeulen damit einreiben. Dann ca. 3 Stunden im Kühlschrank abgedeckt marinieren, dadurch wird das Fleisch zarter. Anschließend die Keulen abwaschen und trocken tupfen.

Den Backofen auf 160°C Umluft vorheizen.

Die Zwiebeln und den Knoblauch schälen und klein schneiden. Die Gewürze im Mörser grob zerstoßen und die Keulen damit einreiben. In einer Pfanne mit hohem Rand in etwas heißem Entenfett langsam anbraten. Aus der Pfanne nehmen.

Zwiebeln und Knoblauch in der Pfanne braten. Mit Weißwein ablöschen. Die Keulen wieder hinzufügen und mit Orangensaft und so viel Entenfond auffüllen, dass die Keulen bedeckt sind. Im Backofen ca. 1,5–2 Stunden schmoren, bis das Fleisch weich ist.

Anschließend das Fleisch von den Knochen lösen und in grobe Stücke zerteilen. Den Bratenfond durch ein feines Sieb passieren, das Fett dabei abschöpfen. Den Fond zur gewünschten Konsistenz reduzieren und das Entenfleisch wieder hinzufügen. Nach Bedarf das Ragout mit etwas Speisestärke binden. Zum Schluss mit Salz und Pfeffer abschmecken.

TAGLIATELLE

Die Tagliatelle in reichlich Salzwasser nach Packungsangabe bissfest kochen und gut abtropfen lassen. Dann mit dem Ragout mischen.

ORANGENFILETS UND ZESTEN

Die Orange schälen und die Schale in feine Streifen schneiden. Orangenschale in kochendem Wasser mit dem Zucker blanchieren, damit die Bitterstoffe gelöst werden. Die Orange filetieren.

ANRICHTEN

Das Entenragout mit den Tagliatelle auf Tellern anrichten und mit Parmesan, Orangenzesten, -filets und Brunnenkresse garnieren. Zum Schluss mit Olivenöl beträufeln.

WOLFSBARSCH IM BANANENBLATT MIT ENTENFETT

FÜR 2 PERSONEN

1 küchenfertiger Wolfsbarsch (ca. 1,4kg)
1 Bananenblatt
20g Ingwerwurzel
1 Karotte
2 Frühlingszwiebeln
2 rote Chilischoten
100ml Sojasauce
Saft von ½ Zitrone
3 Knoblauchzehen
100g Entenfett

ANRICHTEN
2 EL geröstete Sesamsamen, nach Belieben

Den Backofen auf 200°C Umluft vorheizen.

Den Wolfsbarsch waschen, trocken tupfen und auf das Bananenblatt legen. Auf der Oberseite fünfmal einschneiden.

Ingwer und Karotte schälen. Ingwer in Scheiben, Karotte in Streifen schneiden. Die Frühlingszwiebeln putzen, waschen, trocken schütteln, längs in Stücke und dann in Streifen schneiden. Die Chilischoten putzen, waschen, längs halbieren, entkernen und ebenfalls in feine Streifen schneiden. Ingwerscheiben, Karotten- und Frühlingszwiebelstreifen sowie Chilischoten auf dem Fisch verteilen. Die Sojasauce darübergießen und den Zitronensaft darüberträufeln. Das Bananenblatt einschlagen, gegebenenfalls feststecken und den Fisch auf einem Blech im Backofen ca. 20–25 Minuten garen. Nach der Garzeit das Bananenblatt aufklappen.

Den Knoblauch schälen. Das Entenfett erhitzen und den Knoblauch hineinhobeln. Das heiße Fett löffelweise mit dem Knoblauch über den Fisch träufeln.

ANRICHTEN

Wolfsbarsch im Bananenblatt z.B. mit Duftreis servieren. Nach Belieben mit gerösteten Sesamsamen bestreuen.

ENTENCONFIT MIT FLUSSZANDER, BROKKOLI UND RAHMPFIFFERLINGEN

FÜR 4 PERSONEN

ENTENCONFIT
2 confierte Entenkeulen (siehe Seite 181)
50ml Entenjus (siehe Seite 211)
Meersalz
Pfeffer aus der Mühle

RAHMPFIFFERLINGE
1 Schalotte
1 Knoblauchzehe
1 Zweig Rosmarin
1 Zweig Thymian
120g Pfifferlinge
Pflanzenöl zum Braten
Meersalz
Pfeffer aus der Mühle
50ml Sahne

BROKKOLI
1 Brokkoli
Vinaigrette (siehe Seite 213)

ZANDER
4 Zanderfilets mit Haut (à ca. 120g)
Meersalz
Pflanzenöl zum Braten
Butter zum Braten

ANRICHTEN
einige feine Brokkoliblättchen
Gnocchi, nach Belieben (siehe Seite 202)

ENTENCONFIT

Das Entenfleisch von den Knochen lösen und in feine Stücke zupfen, dabei von Fettresten befreien. Die Jus aufkochen und das Keulenfleisch darin heiß werden lassen. Mit Salz und Pfeffer abschmecken.

RAHMPFIFFERLINGE

Schalotte schälen und fein würfeln. Knoblauchzehe schälen und andrücken. Die Kräuter waschen und trocken schütteln. Die Pfifferlinge gründlich säubern und in etwas Öl kurz anbraten. Pfifferlinge salzen und pfeffern. Kräuterzweige, Schalotte und Knoblauchzehe hinzufügen und mitbraten. Kräuterzweige und Knoblauch wieder entfernen. Die Sahne steif schlagen und zum Schluss unterheben. Nochmals abschmecken.

BROKKOLI

Den Brokkoli waschen, abtropfen lassen und die Röschen abschneiden. Den Strunk aufbewahren. Die Röschen in reichlich kochendem Salzwasser bissfest blanchieren. Dann in ausreichend Eiswasser abschrecken und abtropfen lassen. Den Stiel putzen, gründlich schälen und roh auf einem Hobel längs in dünne Scheiben hobeln. Die Strunkstücke mit Vinaigrette vor dem Anrichten marinieren.

ZANDER

Die Zanderfilets waschen, trocken tupfen, mit Salz würzen und auf der Hautseite in einer Pfanne in etwas heißem Öl kräftig anbraten. Wenn die Haut kross ist, auf die Fleischseite drehen, eine Flocke Butter hinzufügen und glasig ziehen lassen.

ANRICHTEN

Das Entenconfit auf Tellern anrichten, die Zanderfilets darauf platzieren. Rahmpfifferlinge und Brokkoliröschen sowie Strunkscheiben aufrollen oder am Stück dazulegen. Mit Brokkoliblättchen ausgarnieren. Mit etwas Rahmpfifferlingsauce umträufeln. Nach Belieben Gnocchi dazu servieren.

GEPÖKELTE ENTENMÄGEN & WALLER
MIT KAROTTEN, GRAUPENRISOTTO UND MEERRETTICH

FÜR 4 PERSONEN

WALLER
100ml Weißwein
500ml Fischfond
200g Suppengrün
Weißweinessig
1 Lorbeerblatt
1 TL Senfkörner
4 Wallerfilets (à ca. 140g)
Meersalz
30g kalte Butter
Pfeffer aus der Mühle

ENTENMÄGEN
12 gepökelte Entenmägen (siehe Seite 138)
ca. 100ml Entenfond (siehe Seite 211)

BUNTE KAROTTEN
16 kleine bunte Karotten
Meersalz
1 Zweig Thymian
1 Zweig Rosmarin
2 Knoblauchzehen
50g Entenfett
½ TL Koriandersamen
½ TL Fenchelsamen
Pfeffer aus der Mühle

GRAUPENRISOTTO
1 Schalotte
Butter zum Anschwitzen
150g Perlgraupen
50ml Weißwein
500ml Entenfond (siehe Seite 211)
30g Meerrettichwurzel
50g Crème fraîche
Meersalz
Pfeffer aus der Mühle

ANRICHTEN
12 Kapuzinerkresseblätter
3cm geschälte Meerrettichwurzel

WALLER
Den Weißwein in einem Topf aufkochen und zur Hälfte reduzieren. Mit dem Fischfond aufgießen und aufkochen. Das Suppengrün putzen, waschen, nach Bedarf schälen und klein schneiden. Mit einem Schuss Weißweinessig, Lorbeerblatt und den Senfkörnern zum Fischfond geben.

Die Wallerfilets waschen, trocken tupfen, mit Salz würzen und im Sud ca. 10 Minuten gar ziehen lassen. Kurz vor dem Servieren ca. 200ml Fischsud passieren und mit der kalten Butter mithilfe eines Pürierstabs zu einer Sauce aufschäumen. Mit Salz und Pfeffer abschmecken.

ENTENMÄGEN
Entenmägen halbieren und in dem Fond erwärmen. Bis zum Anrichten warm halten.

BUNTE KAROTTEN
Von den Karotten das Grün, bis auf einen kleinen Rest, entfernen, die Karotten waschen und in reichlich kochendem Salzwasser bissfest blanchieren. In ausreichend Eiswasser abschrecken, abtropfen lassen und die Schale abreiben. Kräuter waschen und trocken schütteln. Knoblauch schälen und andrücken. Das Entenfett in einer Pfanne erhitzen und die Karotten darin leicht anbraten. Kräuterzweige, Knoblauch sowie Koriander- und Fenchelsamen hinzufügen, durchschwenken und mit grobem Pfeffer und Salz abschmecken.

GRAUPENRISOTTO
Die Schalotte schälen und in etwas Butter anschwitzen. Die Perlgraupen hinzufügen und mit Weißwein ablöschen. Etwas Fond angießen und wieder reduzieren. So lange fortfahren (ca. 20 Minuten), bis die Graupen gar sind. Meerrettich schälen und hineinreiben. Zum Schluss Crème fraîche einrühren und abschmecken.

ANRICHTEN
Graupenrisotto jeweils auf der Tellermitte anrichten. Die Wallerfilets aus dem Sud nehmen und darüber platzieren. Bunte Karotten und Entenmägen anlegen. Fischschaumtupfen dazusetzen, mit Kapuzinerkresseblättern ausgarnieren und Meerrettich frisch darüberhobeln.

GLASIERTE LEBERN »BERLINER ART« MIT PÜREE, ÄPFELN, RÖSTZWIEBELN UND BALSAMICO

FÜR 4 PERSONEN

KARTOFFELPÜREE UND RÖSTZWIEBELN
200g mehligkochende Kartoffeln
Meersalz
2 kleine Zwiebeln
100g Butter
100ml Milch
Muskatnuss

KARAMELLISIERTE ÄPFEL
2 Äpfel (z.B. Cox Orange)
20g Zucker
50ml Weißwein
20g Butter

ENTENLEBERN
16 geputzte Entenlebern (ca. 500g)
Weizenmehl zum Wenden
2 EL Entenfett
Meersalz
Pfeffer aus der Mühle
20ml Balsamico
50ml Entenjus (siehe Seite 211)

KARTOFFELPÜREE UND RÖSTZWIEBELN

Die Kartoffeln schälen, in ausreichend kochendem Salzwasser weich kochen, abgießen und durch eine Presse drücken. Die Zwiebeln schälen und in feine Scheiben schneiden. In der Butter langsam rösten, bis sie goldbraun sind. Durch ein Sieb gießen und abtropfen lassen. Zwiebeln warm stellen. Die Butter auffangen und unter das Kartoffelpüree rühren. Die Milch aufkochen und das Püree damit glatt rühren. Mit Salz und etwas frisch geriebener Muskatnuss abschmecken.

KARAMELLISIERTE ÄPFEL

Äpfel schälen, achteln, dabei das Kerngehäuse entfernen und die Äpfel in feine Spalten schneiden. Den Zucker in einer Pfanne karamellisieren, die Äpfel hinzufügen und mit Weißwein ablöschen. So lange reduzieren, bis keine Flüssigkeit mehr vorhanden ist. Die Butter einrühren.

ENTENLEBERN

Die Lebern waschen, trocken tupfen und leicht mit Mehl bestäuben. Vor dem Anrichten in einer Pfanne im heißen Entenfett kurz braten. Mit Salz und Pfeffer würzen und mit Balsamico ablöschen. Die Lebern aus der Pfanne nehmen und die Entenjus in den Bratfond rühren. Einmal aufkochen und nochmals abschmecken.

ANRICHTEN

Das Püree kreisförmig auf den Tellern anrichten, Lebern und Apfelspalten darauf verteilen. Die Röstzwiebeln drapieren und zum Schluss mit der Balsamicosauce beträufeln.

ENTENGRÖSTL MIT NAVETTENSALAT

FÜR 4 PERSONEN

ENTENGRÖSTL
700g Kartoffeln (z.B. Drilling)
Kümmelsamen
Meersalz
2 rote Zwiebeln
50g Speck
200g grüne Bohnen
25g Entenfett
250g Entenfleisch (Keule oder Reste von der Karkasse)
Pfeffer aus der Mühle
1 EL Majoranblättchen

NAVETTENSALAT
800g Navetten (Mairübchen)
Meersalz
Zucker
125g Schmand
Zitronensaft
Pfeffer aus der Mühle

ANRICHTEN
einige Basilikumblätter

ENTENGRÖSTL

Die Kartoffeln waschen und in der Schale mit etwas Kümmel in ausreichend kochendem Salzwasser weich kochen. Abgießen und etwas abkühlen lassen. Die Kartoffeln schälen und in Spalten schneiden.

Die Zwiebeln schälen, halbieren und mit dem Speck in feine Streifen schneiden. Die Bohnen putzen und in reichlich kochendem Salzwasser ca. 3–4 Minuten blanchieren. Abgießen und in ausreichend Eiswasser abschrecken. Die abgetropften Bohnen in grobe Stücke schneiden.

Das Entenfett in einer Pfanne mit dickem Boden erhitzen und die Kartoffelstücke darin anbraten. Das Entenfleisch in grobe Stücke zupfen, hinzufügen und ebenfalls kräftig anbraten. Speck, Zwiebeln und grüne Bohnen hinzufügen und mit Salz, Pfeffer sowie Majoran abschmecken.

NAVETTENSALAT

Von den Navetten das Grün entfernen, die Rüben schälen und in feine Streifen schneiden oder auf einem Spiralschneider in feine Streifen hobeln. Mit jeweils einer kräftigen Prise Salz und Zucker würzen und gut mischen. Kurz stehen lassen. Die entstandene Flüssigkeit abgießen, den Schmand dazugeben und den Salat mit einem Spritzer Zitronensaft, Salz, etwas Zucker und Pfeffer abschmecken.

ANRICHTEN

Das Gröstl auf Tellern anrichten und mit Basilikumblättern garnieren. Den Navettensalat daneben platzieren.

PEKING ENTENBRÜSTE
MIT BASMATIREISSUD

FÜR 4 PERSONEN | STANDZEIT MIND. 12 STUNDEN

ENTENBRÜSTE
2 männliche Entenbrüste (à ca. 300g)
15ml Hoisinsauce
50ml Sojasauce
20g brauner Zucker
3g geriebene Ingwerwurzel
1 geriebene Knoblauchzehe
½ TL 5-Gewürze-Pulver

KNUSPRIGER REIS
50g Basmatireis
Pflanzenöl zum Frittieren

REISSUD
80ml Milch
200ml Entenfond (siehe Seite 211)
50g Basmatireis
1 Stange Zitronengras
4g Ingwerwurzel
1 Limettenblatt
10g Palmzucker
Saft von 1 Limette
Fischsauce

GEMÜSE
16 Stangen grüner Thaispargel
Meersalz
2 Mini-Pak Choi
100g Edamame-Bohnen
Butter zum Schwenken
Zucker

AUSSERDEM
Backmatte

ANRICHTEN
8 Jasminblüten

ENTENBRÜSTE

Die Entenbrüste von Sehnen, Federresten und überschüssigem Fett befreien, dann waschen, trocken tupfen und die Hautseite kreuzförmig einschneiden. Aus Hoisinsauce, Sojasauce, braunem Zucker, Ingwer, Knoblauch und Gewürz eine Marinade rühren und die Entenbrüste darin über Nacht abgedeckt im Kühlschrank marinieren.

Vor dem Anrichten den Backofen auf 120°C Umluft vorheizen.

Die Brüste aus der Marinade nehmen, etwas abstreifen, trocken tupfen und in einer Pfanne auf der Hautseite vorsichtig anbraten. Wenden und auf der Fleischseite kurz anbraten, anschließend die Brüste auf ein Backblech legen und im Backofen ca. 20 Minuten rosa garen. Den Grill einschalten und die Hautseite der Brüste knusprig werden lassen. Mit der Marinade bestreichen und kurz karamellisieren lassen. Die Entenbrüste noch etwas ruhen lassen.

KNUSPRIGER REIS

Den Basmatireis ca. 20 Minuten in Wasser kochen, bis er verkocht ist. Gut abtropfen lassen und auf einem Blech mit Backmatte im Backofen bei 60°C Umluft ca. 4 Stunden trocknen lassen, dabei immer wieder lockern. Die Ofentür einen kleinen Spalt geöffnet lassen, damit der Dampf entweichen kann.

Das Öl zum Frittieren auf 210°C erhitzen und den Reis darin portionsweise aufpoppen lassen. Auf Küchenpapier abtropfen lassen.

REISSUD

Die Milch mit dem Fond aufkochen, Basmatireis hinzufügen und ca. 20 Minuten leicht köcheln lassen, bis der Sud bindet. Vom Zitronengras die äußern harten Blätter entfernen. Ingwer schälen und zusammen mit Zitronengras, Limettenblatt und Palmzucker zum Reissud geben. Weitere 10 Minuten ziehen lassen und durch ein Sieb passieren. Mit Limettensaft und Fischsauce abschmecken, dann warm halten.

GEMÜSE

Den Thaispargel putzen, waschen und in reichlich kochendem Salzwasser ca. 1 Minute blanchieren. In ausreichend Eiswasser abschrecken und abtropfen lassen. Mini-Pak Choi putzen, waschen und in die einzelnen Blätter teilen. Ebenfalls blanchieren, abschrecken und abtropfen lassen. Edamame-Bohnen palen und in etwas Butter mit dem Spargel und dem Pak Choi schwenken. Mit Salz und etwas Zucker abschmecken.

ANRICHTEN

Die Entenbrüste aufschneiden und auf Tellern anrichten. Reis und Gemüse anlegen. Den Reissud aufschäumen und angießen. Mit Jasminblüten und knusprigem Reis ausgarnieren.

SAUERBRATEN VON ENTEN-KEULEN MIT ERDFRÜCHTEPÜREE, MANDELN UND ROSINEN

FÜR 4 PERSONEN | STANDZEIT CA. 3 TAGE

MARINADE UND SAUERBRATEN

200g Zwiebeln
100g Karotten
80g Staudensellerie
1 Lorbeerblatt
1 Nelke
2g Koriandersamen
5g Senfkörner
1 TL Pfefferkörner
10 Wacholderbeeren
½ Flasche Rotwein
(z.B. Cabernet Sauvignon)
100ml Rotweinessig
50ml Balsamico
4 männliche Entenkeulen (à ca. 300g)
30g Rosinen
Meersalz
Pflanzenöl zum Braten
3 Champignons
500ml Entenfond (siehe Seite 211)
50g geschälte Mandeln
Pfeffer aus der Mühle

ERDFRÜCHTEPÜREE

2 Topinamburknollen
2 mehligkochende Kartoffeln
3 Kerbelwurzeln
2 Petersilienwurzeln
Meersalz
150g Crème fraîche
50g gebräunte Butter
Zitronensaft

ANRICHTEN

Blätter von 2 blanchierten
Rosenkohlröschen
Rotkohlsalat (siehe Seite 206)

MARINADE UND SAUERBRATEN

Zwiebeln schälen, Karotten putzen und schälen. Sellerie putzen und waschen. Das Gemüse grob würfeln. Die Gewürze in einer Pfanne ohne Zugabe von Fett leicht anrösten. 325ml Rotwein mit den Gewürzen, dem Gemüse und den Essigen in ein Gefäß geben. Die Entenkeulen waschen, trocken tupfen und in der Marinade ca. 3 Tage abgedeckt im Kühlschrank marinieren.

Die Rosinen mit dem restlichen Rotwein bedeckt über Nacht einweichen.

Am Tag der Zubereitung den Backofen auf 160°C Umluft vorheizen.

Die Marinade durch ein Sieb passieren. Das Gemüse abtropfen lassen. Die Entenkeulen herausnehmen, trocken tupfen, mit Salz würzen und in einem Bräter in etwas heißem Öl langsam auf der Hautseite braten. Auf die Fleischseite drehen, braten und herausnehmen. Das Fett abgießen. Die Champignons säubern, grob schneiden und mit dem abgetropften Gemüse kurz in dem Bräter anbraten. Mit der Marinade ablöschen, aufkochen und um die Hälfte reduzieren. Den Entenfond angießen und die Keulen hineinlegen. Im Backofen ca. 2–2,5 Stunden schmoren.

Nach Ende der Garzeit die Keulen aus dem Bräter nehmen und ruhen lassen. Den Fond durch ein feines Sieb passieren und zur gewünschten Konsistenz einkochen. Die Entenkeulen wieder hinzufügen. Die Rosinen dazugeben und die Keulen mit der Sauce glasieren. Ca. 10 Minuten ruhen lassen. Mit Salz und Pfeffer abschmecken. Die Mandeln in einer Pfanne mit wenig Öl goldbraun rösten.

ERDFRÜCHTEPÜREE

Erdfrüchte putzen, schälen und in grobe Stücke schneiden. In ausreichend Salzwasser kochen, bis sie sehr weich sind und abgießen. In einem Standmixer oder mit einem Pürierstab mit der Crème fraîche fein pürieren. Gebräunte Butter unterrühren und mit Salz und einem Spritzer Zitronensaft abschmecken.

ANRICHTEN

Das Erdfrüchtepüree kreisförmig auf Tellern anrichten und den Entenkeulensauerbraten darauf platzieren. Mit Mandeln, Rosinen und Rosenkohlblättern garnieren. Etwas Sauce drum herum verteilen. Mit Rotkohlsalat servieren.

ENTENSCHASCHLIK MIT BACKPFLAUMEN, PERLZWIEBELN UND PETERSILIENWURZELSTAMPF

FÜR 4 PERSONEN

SCHASCHLIK
3 Entenbrüste (à ca. 200g)
6 Scheiben Speck
12 Backpflaumen
Meersalz
Pfeffer aus der Mühle
Pflanzenöl zum Braten
50ml Balsamico
100ml Entenjus (siehe Seite 211)

PERLZWIEBELN
100g frische Perlzwiebeln
Butter zum Anschwitzen
Meersalz
Pfeffer aus der Mühle
brauner Zucker
100ml Rotwein

PETERSILIENWURZELSTAMPF
600g Petersilienwurzeln
Meersalz
50g Crème fraîche
20g gebräunte Butter
weißer Pfeffer aus der Mühle
Zitronensaft
1 Schalotte

ANRICHTEN
1 Schälchen Petersilienkresse
2 gebratene Champignons, in Scheiben

AUSSERDEM
4 Schaschlikspieße

SCHASCHLIK

Die Entenbrüste von Sehnen, Federresten und überschüssigem Fett befreien, dann waschen, trocken tupfen, längs in insgesamt 12 feine Streifen schneiden und einrollen. Speckscheiben halbieren und die Backpflaumen darin einrollen. Die Enten- und Backpflaumenröllchen abwechselnd auf Schaschlikspieße stecken.

Die Spieße mit Salz sowie Pfeffer würzen und in einer Pfanne mit wenig Öl von allen Seiten ca. 2 Minuten kräftig anbraten. Die Spieße aus der Pfanne nehmen und im Backofen bei 60°C Umluft auf einem Teller gar ziehen lassen.

Das Fett aus der Pfanne abgießen, den Bratensatz mit Balsamico ablöschen. Mit Entenjus aufgießen, aufkochen und zur gewünschten Konsistenz einkochen.

PERLZWIEBELN

Die Perlzwiebeln schälen, halbieren und langsam in etwas Butter anschwitzen.

Mit Salz, Pfeffer und Zucker würzen und mit Rotwein ablöschen. So lange reduzieren, bis die Flüssigkeit fast vollständig verdampft ist. Nochmals abschmecken.

PETERSILIENWURZELSTAMPF

Die Petersilienwurzeln schälen und grob schneiden. In ausreichend kochendem Salzwasser weich kochen und abgießen. Dabei etwas Kochwasser auffangen.

Crème fraîche und gebräunte Butter sowie evtl. etwas Kochwasser zu den Petersilienwurzeln geben und mit einer Gabel oder einem Kartoffelstampfer zu Püree zerdrücken. Mit Salz, weißem Pfeffer und einem Spritzer Zitronensaft abschmecken. Schalotte schälen, fein würfeln und unter das Püree heben.

ANRICHTEN

Den Petersilienwurzelstampf auf den Tellern anrichten. Je einen Entenschaschlikspieß anlegen. Perlzwiebeln verteilen und mit etwas Sud umträufeln. Mit Petersilienkresse und Champignonscheiben ausgarnieren. Nach Belieben die Entenschaschliksauce separat dazureichen.

CONFIERTE ENTENKEULEN
MIT BOHNENCASSOULET

FÜR 4 PERSONEN | STANDZEIT ÜBER NACHT

50g Wachtelbohnen
50g weiße Cocobohnen
2 Schalotten
1 Knoblauchzehe
2 Scheiben Bacon
20g Entenfett
Meersalz
500ml Entenfond (siehe Seite 211)
100ml klarer Tomatenfond
100g Puffbohnenschoten
50g Keniabohnen
50g Wachsbohnen
1 Stängel Bohnenkraut
Pfeffer aus der Mühle
30g kalte Butter

ANRICHTEN

4 confierte Entenkeulen (siehe Seite 181)

Wachtelbohnen und Cocobohnen über Nacht in reichlich kaltem Wasser einweichen. Am nächsten Tag das Wasser abgießen.

Die Schalotten schälen und in feine Würfel schneiden. Knoblauch schälen und andrücken. Bacon klein schneiden. Das Entenfett erhitzen, Bacon hinzufügen und die Schalotten darin kurz anschwitzen, Bohnen zugeben und salzen. Mit Entenfond und Tomatenfond auffüllen und ca. 1 Stunde leicht köcheln lassen, bis die Bohnenkerne weich sind.

In der Zwischenzeit die Puffbohnen palen. Von den Kenia- und den Wachsbohnen die Enden abschneiden. Die Bohnen waschen, abtropfen lassen und klein schneiden. Puffbohnen, Wachsbohnen und Keniabohnen getrennt in reichlich kochendem Salzwasser blanchieren, in ausreichend Eiswasser abschrecken und abtropfen lassen.

Wachtelbohnen und Cocobohnen durch ein Sieb gießen und den Fond auffangen. Den Bohnenfond zur Hälfte reduzieren. Den Fond mit Butter aufmixen. Alle Bohnen zum Fond geben, heiß werden lassen und kräftig mit Salz und Pfeffer abschmecken. Bohnenkraut waschen, trocken schütteln, ca. 5 Minuten darin ziehen lassen und entfernen.

ANRICHTEN

Das Bohnencassoulet in Tellern anrichten und die heißen Entenkeulen darauf anrichten.

ENTENROULADE MIT MAISCREME, MAISKOLBEN UND WILDEM BROKKOLI

FÜR 4 PERSONEN

ENTENROULADEN
2 Zwiebeln
1 EL Butter
4 weibliche Entenbrüste (à ca. 200g)
Meersalz
Pfeffer aus der Mühle
30g Apfelsenf
8 Scheiben Bacon
4 Champignons
12 Scheiben Sandwichgurken
Pflanzenöl zum Braten

SAUCE
150g Zwiebeln
40g Karotte
50g Staudensellerie
100g Tomaten
50ml Balsamico
200ml Rotwein
100ml roter Portwein
300ml Entenfond (siehe Seite 211)
1 Sternanis
5g Senfkörner
1 Lorbeerblatt
10 schwarze Pfefferkörner

MAISCREME
2 Schalotten
Butter zum Anschwitzen
500g tiefgefrorener Mais
100ml Entenfond (siehe Seite 211)
150ml Sahne
Meersalz
Pfeffer aus der Mühle
Cayennepfeffer
Zitronensaft

GEMÜSE
1 gekochter Maiskolben
Pflanzenöl zum Braten
Meersalz
Pfeffer aus der Mühle
8 Stangen wilder Brokkoli (Cima di Rapa)
1 Schalotte
1 Knoblauchzehe
Butter zum Braten
Zucker

ENTENROULADEN

Die Zwiebeln schälen, halbieren und in feine Streifen schneiden. In einer Pfanne in der heißen Butter langsam dünsten und abkühlen lassen. Die Entenbrüste von Sehnen, Federresten und überschüssigem Fett befreien, dann waschen, trocken tupfen und längs auf der flachen Seite halbieren. Die Brüste aufklappen, sodass die Hautseite oben liegt. Mit einem Fleischklopfer leicht plattieren. Mit Salz und Pfeffer würzen und mit dem Apfelsenf bestreichen. Jede Brust mit 2 Scheiben Bacon belegen. Die Zwiebelstreifen darauf verteilen. Die Champignons säubern, in dünne Scheiben schneiden und wie die Gurkenscheiben auf den Zwiebeln verteilen. Jede Brust einrollen, sodass die Fettseite außen ist. Das schützt die Brust vor dem Austrocknen. Mit Küchengarn oder einem Zahnstocher fixieren. In einem Schmortopf etwas Öl erhitzen und die Entenrouladen darin rundherum anbraten. Herausnehmen und beiseitestellen.

SAUCE

Den Backofen auf 120°C Umluft vorheizen.

Die Zwiebeln schälen, Karotte putzen und schälen, den Staudensellerie putzen, waschen und trocken schütteln. Das Gemüse klein schneiden. Die Tomaten waschen, Strünke entfernen und die Tomaten klein schneiden. Das Gemüse ohne Tomaten im gleichen Topf anbraten. Wenn das Gemüse Farbe angenommen hat, die Tomaten hinzufügen. Mit Balsamico ablöschen und reduzieren, bis die Flüssigkeit verkocht ist und mit Rotwein sowie Portwein aufgießen.

Die Entenrouladen in den Sud geben und mit Fond bedecken. Sternanis, Senfkörner, Lorbeerblatt und Pfefferkörner hinzufügen. Die Rouladen im Backofen ca. 60 Minuten abgedeckt schmoren.

Die Rouladen herausnehmen und die Sauce passieren. Das Fett von oben abschöpfen und die Sauce reduzieren, bis sie die gewünschte Konsistenz erreicht hat. Nochmals abschmecken. Von den Rouladen das Garn oder den Zahnstocher entfernen und wieder in die Sauce geben und darin warm halten.

MAISCREME

Die Schalotten schälen und in feine Würfel schneiden. In einem Topf mit etwas Butter farblos anschwitzen. Die Maiskörner hinzufügen, mit Fond bedecken und den Mais weich kochen. Dann den Fond einkochen, bis die Flüssigkeit fast verdampft ist und mit der Sahne aufgießen. Mit Salz, Pfeffer und etwas Cayennepfeffer abschmecken. In einem Standmixer pürieren und durch ein feines Sieb passieren. Zum Schluss mit einem Spritzer Zitronensaft verfeinern.

GEMÜSE

Den Maiskolben waschen, trocken tupfen, die Maiskörner längs in Strängen abschneiden und in etwas Öl anbraten, bis sie Farbe angenommen haben. Mit Salz und Pfeffer würzen. Den Brokkoli waschen, trocken schütteln und die oberen 10 cm abschneiden.

Die Brokkolistiele schälen, klein schneiden und in reichlich kochendem Salzwasser bissfest blanchieren. In ausreichend Eiswasser abschrecken und abtropfen lassen. Die Brokkoliköpfe ebenfalls bissfest blanchieren und abschrecken. Die Brokkoliblätter in feine Streifen schneiden.

Schalotte und Knoblauch schälen, klein schneiden und in etwas Butter anschwitzen. Brokkolistiele und Blätter zufügen und langsam garen. Evtl. etwas Wasser hinzufügen. Mit Salz, Pfeffer und Zucker abschmecken.

ANRICHTEN

Die Maiscreme mittig auf die Teller verteilen. Die Entenrouladen aufschneiden und auf der Maiscreme anrichten. Brokkoliröschen anlegen, aus den Brokkolistielen und Blättern eine Nocke formen und dazulegen. Maisstränge klein schneiden und verteilen. Zum Schluss mit der Sauce umträufeln.

PULLED DUCK

FÜR CA. 1 KG ENTENFLEISCH | STANDZEIT MIND. 8 STUNDEN

500 ml Wasser
20 g Meersalz
10 g brauner Zucker
1 küchenfertige Cherry Valley Ente
(ca. 2,5 kg)
2 Zwiebeln
5 Knoblauchzehen
Spice Rub (siehe Seite 215)

AUSSERDEM
Räucherpfeife
Buchenspäne

Für die Beize Wasser, Salz und Zucker verrühren, bis sich die Kristalle aufgelöst haben.

Die Ente waschen und trocken tupfen. Die Flügel abhacken, den Brustknochen entfernen und die Innereien herausnehmen. Restliche Ente mit der Beize einstreichen, in einen Beutel geben, verschließen und dann mindestens 8 Stunden, jedoch am besten über Nacht, im Kühlschrank marinieren.

Am nächsten Tag den Backofen auf 150°C Umluft vorheizen.

Zwiebeln und Knoblauchzehen schälen, Zwiebeln grob schneiden und die Knoblauchzehen halbieren. Die Ente aus der Beize nehmen und trocken tupfen. Mit Zwiebeln und Knoblauchzehen füllen, dann mit Spice Rub einreiben. Die Ente in einen Bräter legen und ca. 3 Stunden im Backofen garen. Dabei immer wieder mit dem ausgetretenen Fett übergießen. Das Fleisch sollte nach dem Garen sehr weich sein. Nach dem Garen den Backofen ausschalten und die Ente ca. 30 Minuten darin ruhen lassen.

Die Ente aus dem Ofen nehmen. Die Räucherpfeife mit den Buchenspänen füllen, entzünden und den Rauch in den Bräter blasen, zügig den Deckel auflegen und die Ente ca. 10 Minuten in dem Rauch ruhen lassen.

Anschließend das Fleisch von den Knochen lösen und mit einer Gabel zerpflücken. Das ausgetretene Fett und die Sauce wieder zum Fleisch geben und untermischen.

▶ *Das Fleisch eignet sich zum Füllen für Ravioli, Burger oder Wraps (siehe Seiten 153, 189 und 195).*

TIPP Im Smoker gart die Ente bei 120°C ca. 6 Stunden. Dafür hat man aber auch ein absolut fantastisches Ergebnis!

CONFIERTE ARTISCHOCKEN IN ENTENFETT, CONFIERTE ENTENKEULEN, ENTENRILLETTES, ENTENLEBERWURST

CONFIERTE ARTISCHOCKEN IN ENTENFETT

FÜR 4 PERSONEN

8 große Artischocken
1 EL Zitronensaft
2 Schalotten
3 Knoblauchzehen
1 Zweig Thymian
500g Entenfett
½ TL Fenchelsamen
Meersalz
Pfefferkörner
100ml Weißwein
2 Stängel Petersilie

AUSSERDEM

4 sterile Einmachgläser mit Deckel
(à ca. 300ml Inhalt)

Die Artischocken vom Stiel trennen und die Herzen herausschneiden. Äußere Blätter und Heu entfernen. Die Artischockenherzen in eine Glasschüssel legen, mit Wasser bedecken und Zitronensaft zugeben, damit sie nicht braun werden (oxidieren).

Die Schalotten und den Knoblauch schälen, dann die Schalotten halbieren. Thymian waschen und gut trocken schütteln. Das Entenfett mit Knoblauch, Thymian, Schalotten, Fenchelsamen, Salz und Pfefferkörnern erwärmen. Den Weißwein in einem Topf zur Hälfte reduzieren.

Den Backofen auf 100°C Umluft vorheizen.

Petersilienstängel waschen und trocken schütteln. Die Artischocken abtropfen lassen und mit den Petersilienstängeln in ein Einmachglas legen. Mit dem gewürzten Entenfett auffüllen und die Weißweinreduktion dazugießen. Das Glas verschließen und im Backofen ca. 25 Minuten confieren. Im Fett abkühlen lassen.

▶ *Zur Verwendung die Artischocken aus dem Fett nehmen und in einer Pfanne anbraten. Sie schmecken sehr gut zu einem Salat mit Entenschinken.*

CONFIERTE ENTENKEULEN

FÜR 4 PERSONEN | STANDZEIT MIND. 2 STUNDEN

4 Entenkeulen (à ca. 200g)
250g Meersalz
250g Zwiebeln
130g Karotten
130g Knollensellerie
½ Knoblauchknolle
2 Zweige Thymian
1 Zweig Rosmarin
100ml Weißwein
2 Lorbeerblätter
1 TL Pfefferkörner
500g flüssiges Entenfett

Die Keulen waschen und trocken tupfen. Etwas Meersalz in eine Schüssel geben, die Keulen darauflegen und mit dem restlichen Meersalz bedecken. Dann ca. 2 Stunden im Kühlschrank ruhen lassen. Die Keulen werden so zarter.

Den Backofen auf 120°C Umluft vorheizen.

Zwiebeln, Karotten und Sellerie putzen und schälen. Zwiebeln und Karotten halbieren, Sellerie in Scheiben schneiden. Knoblauch schälen und die Kräuterzweige waschen und trocken schütteln.

Die Keulen aus der Schüssel nehmen, abwaschen und trocken tupfen. Mit Gemüse, Knoblauch, Kräutern, Weißwein und Gewürzen in eine feuerfeste Form geben. Mit dem Entenfett bedecken und ca. 2,5–3 Stunden im Backofen confieren, bis sich das Fleisch leicht vom Knochen löst. Dann im Fett abkühlen lassen.

▶ *Zum Servieren die Keulen einfach aus dem Fett nehmen und im Backofen heiß werden lassen. Ganz zum Schluss unter dem Backofengrill knusprig braten.*

TIPP Das Confit hält im Kühlschrank mehrere Wochen, wenn es mit Fett bedeckt ist.

ENTENRILLETTES

FÜR CA. 600 G | STANDZEIT CA. 2 STUNDEN

2 männliche Entenkeulen (à ca. 300g)
Meersalz
1 Zwiebel
1 Karotte
1 Scheibe Knollensellerie
3 Knoblauchzehen
1 Zweig Thymian
1 Zweig Rosmarin
1 Lorbeerblatt
½ TL schwarze Pfefferkörner
400g flüssiges Entenfett
2 Schalotten
Pfeffer aus der Mühle

AUSSERDEM

2 sterile Gläser mit Schraub- oder Bügelverschluss (à ca. 300ml Inhalt)

Die Keulen waschen und trocken tupfen. Etwas von 125g Meersalz in eine Form geben, die Keulen darauf legen und mit dem restlichen Meersalz bedecken. Dann ca. 2 Stunden im Kühlschrank ruhen lassen. Das macht die Keulen zarter.

Den Backofen auf 120°C Umluft vorheizen.

Zwiebel, Karotte, Selleriescheibe und Knoblauch schälen, Zwiebel und Karotte halbieren. Kräuterzweige waschen und trocken schütteln. Die Keulen aus der Form nehmen, gut abwaschen und mit dem Gemüse, Knoblauch, Kräutern und Gewürzen in eine ofenfeste Form geben. Mit Entenfett bedecken und ca. 3 Stunden im Ofen confieren, bis sich das Fleisch leicht von den Knochen löst.

Das Entenfett abgießen und aufbewahren, die Keulen aus der Form nehmen. Das Fleisch von den Keulen lösen, klein zupfen und beiseitestellen.

Die Schalotten schälen und klein schneiden. 100g Entenfett erhitzen und die Schalottenwürfel darin bei geringer Temperatur bräunen lassen. Das restliche Fett kalt stellen.

Das Entenfleisch mit Salz und Pfeffer würzen und in sterile Gläser geben. Mit Fett aufgießen, bis das Fleisch bedeckt ist. Verschließen, fest werden lassen und im Kühlschrank aufbewahren.

Mit einem kräftigen Bauernbrot servieren.

TIPP Rillettes lässt sich auch sehr gut aus den Resten einer Entenmahlzeit zubereiten. Das verbliebene Fleisch der Ente von den Knochen lösen und klein zupfen. Mit Salz und Pfeffer würzen und mit dem ausgetretenen Fett bedecken. Fest werden lassen und im Kühlschrank aufbewahren.

ENTENLEBERWURST

FÜR CA. 800 G | STANDZEIT MIND. 8 STUNDEN

250g küchenfertige Entenlebern
5g Pökelsalz
100g Zwiebeln
60g Apfel
250g Entenfett
250g Fleisch von der confierten Entenkeule (siehe Seite 181)
250ml Entenfond (siehe Seite 211)
1 Knoblauchzehe
1 TL getrockneter Majoran
1 Msp. Quatre Épices
Abrieb von ½ unbehandelten Zitrone
Meersalz
weißer Pfeffer aus der Mühle

AUSSERDEM
6 sterile Gläser mit Schraub- oder Bügelverschluss (à ca. 250ml Inhalt)

Die Lebern waschen, trocken tupfen, mit Pökelsalz würzen und ca. 10 Minuten marinieren.

Die Zwiebeln und den Apfel schälen, vom Apfel das Kerngehäuse entfernen, Zwiebeln und Apfel klein schneiden. Das Entenfett erhitzen und Zwiebel- sowie Apfelwürfel darin anschwitzen.

Den Backofen auf 85°C Umluft vorheizen.

Das Keulenfleisch erwärmen und mit der Leber und dem Apfel-Zwiebelfett in einem Standmixer pürieren. Den Fond erwärmen. Knoblauch schälen und fein hacken. Fond und Knoblauch mit Majoran, Quatre Épices sowie Zitronenabrieb hinzufügen. Kräftig mit Salz und Pfeffer würzen, nochmals mixen. Die Masse sollte eine geschmeidige Konsistenz haben. Durch ein feines Sieb passieren.

Die Entenleberwurst in sterile Gläser füllen, verschließen, auf ein Blech stellen und mit heißem Wasser aufgießen, bis die Gläser zu zwei Dritteln im Wasser stehen. Leberwurst im Backofen ca. 40 Minuten pochieren. Herausnehmen, abkühlen lassen und vor dem Verzehr mindestens 8 Stunden durchziehen lassen.

▶ *Die Entenleberwurst schmeckt sehr gut zu Brioche (siehe Seite 214) oder aber auf einem herzhaften Roggenbrot.*

FAST FOOD

ENTENBURGER UND POMMES IN ENTENFETT FRITTIERT

POMMES IN ENTENFETT
DREI VARIATIONEN

FÜR 4 PERSONEN

2kg Kartoffeln (z.B. Bintje oder Agria)
2l flüssiges Entenfett oder Pflanzenöl
grobes Meersalz
Pimentón de la vera
(geräuchertes Paprikapulver)

VARIATION 1
Die Kartoffeln waschen, schälen und in fingerdicke Stäbchen schneiden. Wässern, bis die Stärke herausgewaschen und das Wasser klar ist. Die Kartoffelstäbchen aus dem Wasser nehmen und gut abtropfen lassen. Portionsweise im heißen Entenfett oder Öl und bei etwa 130°C ca. 8 Minuten vorgaren. Herausnehmen, auf einem Gitter abtropfen und auskühlen lassen.

Dann das Fett bzw. Öl auf 190°C erhitzen und die Kartoffelstäbchen darin portionsweise goldbraun und knusprig ausbacken. Auf Küchenpapier abtropfen lassen und noch heiß mit Meersalz würzen.

VARIATION 2 (STANDZEIT CA. 6 STUNDEN)
Die Kartoffeln waschen, schälen und in fingerdicke Stäbchen schneiden. Wässern, bis die Stärke herausgewaschen und das Wasser klar ist. In einem großen Topf in reichlich kochendem Salzwasser garen, bis die Kartoffeln fast zerfallen. Vorsichtig herausnehmen und auf einem Gitter abtropfen lassen. Die Kartoffelstäbchen ca. 6 Stunden einfrieren. Tiefgefroren bei 190°C im Entenfett bzw. Öl frittieren. Auf Küchenpapier abtropfen lassen und noch heiß mit Meersalz und Pimentón würzen.

VARIATION 3 (STANDZEIT CA. 3 STUNDEN)
Die Kartoffeln waschen, schälen und in fingerdicke Stäbchen schneiden. Wässern, bis die Stärke herausgewaschen und das Wasser klar ist. In einem Dämpfer bei 100°C und 100% Luftfeuchtigkeit ca. 20 Minuten sehr weich garen.

Die Kartoffeln auf ein mit Backpapier ausgelegtes Backblech legen und im Backofen bei 60°C Umluft ca. 3 Stunden trocknen. Die Backofentür dabei einen kleinen Spalt offen lassen, damit der Dampf entweichen kann. Am besten einfach einen Kochlöffel zwischen die Tür klemmen. Wenn die Kartoffelstäbchen trocken sind, ca. 6 Minuten im Entenfett bzw. Öl bei 190°C frittieren. Auf Küchenpapier abtropfen lassen und noch heiß mit Meersalz würzen.

▶ *Nach Belieben z.B. zum Entenburger (siehe Seite 189) genießen.*

ENTENBURGER

FÜR 4 PERSONEN | STANDZEIT CA. 3 STUNDEN

BURGER BRÖTCHEN
150ml Milch
20g frische Hefe
4 Eier
30g Zucker
10g Meersalz
400g Weizenmehl
100g weiche Butter
50g Sesamsamen

ENTENBURGER
500g männliche Entenbrust
Meersalz
Pfeffer aus der Mühle
1 rote Zwiebel
8 Scheiben Frühstücksspeck
Pflanzenöl zum Braten

ANRICHTEN
4 EL selbst gemachte Mayonnaise
(siehe Seite 213)
4 knackige Kopfsalatblätter

AUSSERDEM
Weizenmehl zum Bearbeiten

BURGER BRÖTCHEN

Für den Teig 100ml Milch leicht erwärmen und die Hefe darin auflösen. 3 Eier, Zucker, Salz und die Hefemilch in eine Küchenmaschine geben und mit dem Knethaken ca. 3 Minuten rühren, bis sich alle Zutaten vermischt haben. Das Mehl hinzufügen und weitere 5 Minuten langsam kneten. Danach die Butter stückchenweise hinzufügen. Den Teig ca. 5 Minuten bei mittlerer Geschwindigkeit kneten. Evtl. etwas mehr Mehl dazugeben. Den fertigen Teig in eine Schüssel geben und abgedeckt ca. 60 Minuten kalt stellen.

Den Teig auf einer leicht bemehlten Arbeitsfläche nochmal kurz durchkneten, daraus ca. 60g große Stücke abwiegen und auf einer bemehlten Arbeitsfläche zu Kugeln rollen. Auf ein mit Backpapier belegtes Backblech geben (genug Platz lassen, da die Brötchen gut aufgehen) und ca. 60 Minuten an einem warmen Ort gehen lassen, sich das Teigvolumen verdoppelt hat.

Den Backofen auf 175°C Umluft vorheizen.

Für das Dekor das restliche Ei mit der übrigen Milch verquirlen und durch ein Sieb passieren. Die Brötchen damit einstreichen und mit den Sesamsamen bestreuen. Im Backofen ca. 8 Minuten goldbraun backen. Herausnehmen und auskühlen lassen. Vier Brötchen werden für den Hamburger benötigt. Die restlichen können eingefroren werden.

ENTENBURGER

Das Entenfleisch waschen, trocken tupfen und klein schneiden. Mit Salz und Pfeffer kräftig würzen, dann zweimal durch einen Fleischwolf drehen. Aus der Fleischmasse vier gleich große Burger formen und abgedeckt im Kühlschrank ca. 10 Minuten ruhen lassen. Die Zwiebel schälen und auf einem Küchenhobel in sehr feine Scheiben hobeln. Den Frühstücksspeck in einer Pfanne ohne Zugabe von Fett knusprig braten, herausnehmen und warm halten.

Die Entenburger in der Pfanne in etwas Öl von beiden Seiten kräftig braten und sofort anrichten.

ANRICHTEN

Die Burger Brötchen halbieren und auf der Schnittseite toasten. Dann die Unterseiten der Brötchen mit je 1 EL Mayonnaise, einem Salatblatt und zwei Scheiben Frühstücksspeck belegen und je einen Entenburger darauflegen. Mit roten Zwiebelringen belegen und mit der Brötchenoberseite bedecken.

Nach Belieben das Bananenchutney (siehe Seite 207) als Dip dazureichen.

TIPP Um den Zwiebelscheiben etwas Schärfe zu nehmen, werden sie nach dem Schneiden in kaltem Wasser geschwenkt. Gut abtropfen lassen!

GEDÄMPFTE BUNS MIT ENTE, ERDNUSSBUTTER UND GURKE

FÜR 8 BUNS | STANDZEIT MIND. 8 STUNDEN

2 Entenbrüste (à ca. 200g)
50ml Teriyakisauce
50ml Sojasauce
1 Msp. 5-Gewürze-Pulver
½ Salatgurke
50ml Reisessig
Meersalz
5g Zucker
2 Frühlingszwiebeln

ANRICHTEN
8 gedämpfte Buns (siehe Seite 215)
3 EL Erdnussbutter
2 EL Röstzwiebeln, nach Belieben

Die Entenbrüste waschen, trocken tupfen, die Haut kreuzförmig einschneiden und mit den Saucen und 5-Gewürze Pulver einreiben. Mindestens 8 Stunden, jedoch am besten über Nacht, marinieren.

Die Gurke putzen, schälen, in feine Scheiben hobeln und mit Reisessig, 5g Salz und dem Zucker marinieren. Die Frühlingszwiebeln putzen, waschen, trocken schütteln, schräg in sehr feine Scheiben schneiden und in ausreichend Eiswasser legen.

Den Backofen auf 70°C Umluft vorheizen.

Die Entenbrüste aus der Marinade nehmen und gut trocken tupfen. In einer ofenfesten Pfanne ohne Zugabe von Fett bei mittlerer Temperatur auf der Hautseite langsam anbraten. Kurz auf die Fleischseite drehen und in der Pfanne im Backofen auf einem Gitter ca. 20 Minuten rosa braten. Anschließend ca. 5 Minuten ruhen lassen. Zum Anrichten die Entenbrüste in dünne Scheiben aufschneiden und mit Salz bestreuen.

ANRICHTEN

Die Buns in einem Dämpfer kurz erwärmen, einschneiden, mit Erdnussbutter bestreichen und die Unterseiten mit Entenbrustscheiben belegen. Gurkenscheiben und Frühlingszwiebeln darauf verteilen und nach Belieben mit Röstzwiebeln bestreuen.

CLUB SANDWICH AUS SCHWARZBROT MIT ENTENBRUST, CURRYMAYO, SALAT, GURKE, TOMATE UND EI

FÜR 4 PERSONEN | STANDZEIT MIND. 8 STUNDEN

CURRYMAYO
100g selbst gemachte Mayonnaise
(siehe Seite 213)
50g Schmand
1 EL Curry Goa
(Gewürzmischung Ingo Holland)
Meersalz
½ EL Zitronensaft

GERÄUCHERTE ENTENBRÜSTE
2 Entenbrüste (à ca. 180g)
Meersalz
Pfeffer aus der Mühle

SPIEGELEIER
4 Eier
Pflanzenöl zum Braten
Meersalz
Pfeffer aus der Mühle

ANRICHTEN
12 Scheiben Schwarzbrot
8 knackige Kopfsalatblätter
½ Salatgurke
3 Tomaten

AUSSERDEM
Räucherpfeife
Buchenspäne
(alternativ Holzkohleöl)

CURRYMAYO

Die Mayonnaise mit dem Schmand und dem Currypulver verrühren, mit Salz und Zitronensaft abschmecken. Mindestens 8 Stunden, jedoch am besten über Nacht, im Kühlschrank durchziehen lassen. Dadurch entfaltet sich das ganze Aroma des Currypulvers.

GERÄUCHERTE ENTENBRÜSTE

Die Entenbrüste von Sehnen, Federresten und überschüssigem Fett befreien, dann waschen, trocken tupfen, in einen tiefen Teller legen und mit Frischhaltefolie abdecken. Eine Räucherpfeife mit Buchenspänen füllen, entzünden und den Rauch unter die Frischhaltefolie blasen. Schnell abdecken und ca. 10 Minuten ruhen lassen. Alternativ zum Räuchern kann das Fleisch auch mit Holzkohleöl beträufelt werden.

Den Backofen auf 65°C Umluft vorheizen.

Die geräucherten Entenbrüste auf der Hautseite kreuzförmig einschneiden und mit Salz und Pfeffer würzen. In einer ofenfesten Pfanne ohne Zugabe von Fett auf der Hautseite kräftig anbraten und auf die Fleischseite drehen. Diese ebenfalls anbraten. Entenbrüste im Backofen auf einem Gitter in der Pfanne ca. 20 Minuten rosa garen. Herausnehmen und kurz ruhen lassen.

SPIEGELEIER

Aus den Eiern in etwas Öl Spiegeleier braten. Salzen und pfeffern.

ANRICHTEN

Vom Schwarzbrot die Rinde entfernen und die Brote leicht rösten. 8 Schwarzbrotscheiben mit Currymayo bestreichen. Die Kopfsalatblätter waschen und trocken schleudern. Auf die Brotscheiben legen. Gurke und Tomaten waschen. Von den Tomaten die Strunkansätze entfernen und in Scheiben schneiden, die Gurke putzen und ebenfalls in Scheiben schneiden. Beides auf den Salatblättern verteilen.

Die Entenbrüste in feine Scheiben schneiden, auf die Gemüsescheiben legen und je zwei belegte Schwarzbrotscheiben übereinandersetzen.

Spiegeleier auf die oberste Schwarzbrotscheibe legen. Aus den restlichen 4 Schwarzbroten jeweils einen Kreis ausstechen und die Brotscheibe mit der Aussparung so auf das Spiegelei setzen, dass das Eigelb zu sehen ist. Sofort servieren.

ENTENWRAP – PULLED DUCK MIT HUMMUS, ZSATAR, GURKE UND TOMATE

FÜR 4 PERSONEN | STANDZEIT ÜBER NACHT

HUMMUS

100g getrocknete Kichererbsen
Meersalz
3 Knoblauchzehen
100g Naturjoghurt
50ml Olivenöl
40g Sesampaste (Tahina)
Zitronensaft

ENTENWRAP

100g Salatgurke
5g Zucker
5g Meersalz
4 Maisfladen oder
dünne libanesische Fladenbrote
2 reife Flaschentomaten
1 rote Zwiebel
4 knackige Kopfsalatblätter

ANRICHTEN

250g Pulled Duck (siehe Seite 177)
Zsatar (libanesisches Gewürz)
Butterbrotpapier, nach Belieben

HUMMUS

Die Kichererbsen bedeckt mit Wasser über Nacht im Kühlschrank einweichen. Am nächsten Tag die Kichererbsen ca. 2 Stunden in reichlich Salzwasser weich kochen. Knoblauchzehen schälen und ca. 10 Minuten vor Ende der Garzeit zugeben. Dann die Kichererbsen abgießen und den Sud auffangen.

Die Kichererbsen mit Joghurt, Olivenöl und Sesampaste in einem Standmixer fein pürieren. Etwas von dem Kochsud hinzufügen, bis die gewünschte cremige Konsistenz erreicht ist. Mit einem Schuss Zitronensaft und Salz abschmecken.

ENTENWRAP

Die Gurke putzen, schälen und in dünne Scheiben schneiden. Mit Zucker und Salz würzen und marinieren. Bis zum Gebrauch im Kühlschrank aufbewahren. Vor dem Anrichten auf einem Sieb gut abtropfen lassen.

Die Fladen warm stellen. Die Tomaten waschen, Strunkansätze entfernen und in dünne Scheiben schneiden. Zwiebel schälen und in dünne Ringe schneiden. Kopfsalatblätter waschen und trocken schleudern.

ANRICHTEN

Die Fladenbrote mit etwas Hummus bestreichen, mit je einem Kopfsalatblatt belegen, darauf Entenfleisch, Gurken- und Tomatenscheiben sowie Zwiebelringe verteilen.

Mit Zsatar kräftig würzen und die Fladenbrote zusammenrollen. Das untere Ende gut zusammendrücken und die Fladenbrote in eine heiße Pfanne legen. Dadurch verklebt der Teig und rollt nicht wieder auf. Nach Belieben in Butterbrotpapier wickeln und sofort servieren.

FRIED DUCK
MIT GELBER SWEET CHILI SAUCE

FÜR 8 PERSONEN | STANDZEIT CA. 2 STUNDEN

GELBE SWEET CHILI SAUCE
120g Zucker
200ml Weißweinessig
100ml Wasser
3 große gelbe Chilischoten
10g Ingwerwurzel
2 Knoblauchzehen
Meersalz
5g Speisestärke
Zitronensaft

FRIED DUCK
8 weibliche Entenkeulen (à ca. 160g)
200g grobes Meersalz
1 unbehandelte Zitrone
1 Knoblauchzehe
2 Zweige Zitronenthymian
150g Naturjoghurt
500g Weizenmehl
20g Spice Rub (siehe Seite 215)
Pflanzenöl zum Frittieren

AUSSERDEM
1 sterile Flasche mit Verschluss oder Schraubglas

GELBE SWEET CHILI SAUCE

Zucker mit Essig und Wasser in einem Topf aufkochen und auf 150ml einkochen. Die Chilischoten waschen, putzen, längs halbieren, die Kerne entfernen und die Schoten in feine Würfel schneiden. (Wer es schärfer mag, die Kerne mitverwenden.) Ingwer und Knoblauch schälen und klein hacken. Chilischoten, Ingwer und Knoblauch zur Zucker-Essig-Reduktion geben und mit etwas Salz würzen. Die Sauce ca. 3 Minuten köcheln lassen. Die Speisestärke in etwas kaltem Wasser anrühren und die Sauce damit binden. Danach noch weitere 2 Minuten leicht köcheln lassen, damit die Stärke ausgekocht wird. Mit einem Spritzer Zitronensaft und Salz abschmecken. Abfüllen, verschließen und auskühlen lassen.

FRIED DUCK

Die Entenkeulen waschen, trocken tupfen, mit Meersalz einreiben und in einer Schale ca. 2 Stunden marinieren, dadurch wird das Fleisch zarter. Anschließend die Keulen abwaschen und trocken tupfen. Die Zitrone heiß abwaschen, trocknen und mit einem Sparschäler die Schale abschälen. Knoblauchzehe mit Schale mit einem Messerrücken andrücken. Zitronenthymian waschen und trocken schütteln. Die Keulen mit Zitronenschale und -thymian, Knoblauch sowie Joghurt in einen geeigneten Beutel geben und vakuumieren. In einem vorgeheizten Wasserbad bei etwa 90°C ca. 2–2,5 Stunden sous vide garen, bis sie zart sind.

Den Backofen auf ca. 80°C Umluft vorheizen.

Das Mehl mit dem Spice Rub mischen. Die Keulen aus dem Beutel nehmen, abtropfen lassen und in dem gewürzten Mehl wenden. Das Öl zum Frittieren erhitzen und die Keulen darin goldbraun backen. Auf Küchenpapier abtropfen lassen und im Backofen ca. 5 Minuten ruhen lassen.

ANRICHTEN

Die frittierten Entenkeulen mit der Sweet Chili Sauce servieren. Dazu noch Pommes (siehe Seite 188) reichen.

La Lingerie
ORANGERIE

HOTEL NASSA

BEILAGEN

BRIOCHE- ODER BREZNKNÖDEL

FÜR 4 PERSONEN

½ Bund Schnittlauch
3 Schalotten
Butter zum Dünsten und Braten
250g Brioche oder 3 Brezn ohne Salz vom Vortag (ca. 250g)
2 Eier
200ml Milch
Meersalz

Schnittlauch waschen, trocken schütteln und in feine Röllchen schneiden. Die Schalotten schälen, würfeln und in einer Pfanne in etwas Butter glasig dünsten und beiseitestellen. Brioche bzw. Brezn in ca. 1 cm große Würfel schneiden und die Hälfte davon in einer Pfanne in etwas heißer Butter bei mittlerer Temperatur braten, bis sie knusprig sind.

Gebratene und nicht gebratene Brioche- bzw. Breznwürfel mit den Schalottenwürfeln mischen.

Die Eier trennen und das Eiweiß leicht mit einem Schneebesen aufschlagen. In einem Topf die Milch mit 10g Salz aufkochen, auf die Würfel geben und locker vermengen. Eigelbe und Eiweiße unterheben und vorsichtig vermischen, zuletzt die Schnittlauchröllchen unterheben. Den Teig abdecken und ca. 10 Minuten quellen lassen.

Aus der Masse mit angefeuchteten Händen 12 kleine Knödel formen. In reichlich kochendem Salzwasser langsam ca. 5 Minuten kochen. Den Topf von der Kochstelle nehmen und die Knödel ca. 10 Minuten ziehen lassen. Mit einer Schaumkelle aus dem Topf nehmen und abtropfen lassen.

Oder die Masse auf einen Bogen Frischhaltefolie verteilen und mithilfe der Folie zu einer Rolle formen. Zum Stabilisieren nochmals in Alufolie einwickeln und die Enden wie bei einem Bonbon verdrehen.

Die Knödel bzw. die Knödelrolle in kochendes Wasser geben, kurz aufkochen und bei geringer Temperatur ca. 30 Minuten gar ziehen lassen. Die Knödelrolle in Scheiben schneiden und die Scheiben nach Belieben in Butter von beiden Seiten braten.

▶ *Die Briocheknödelscheiben passen sehr gut zur Challans Ente – Bohnencreme, Pfirsichspalten und Steinpilze auf Seite 112.*

KARTOFFELKLÖSSE ODER GNOCCHI

FÜR 4 PERSONEN

Meersalz
800g mehligkochende Kartoffeln
3 Eigelb
90g Speisestärke
50g geklärte Butter
Weizenmehl zum Bearbeiten
Butter zum Braten, nach Bedarf

AUSSERDEM
Gnocchibrett

Den Backofen auf 180°C Umluft vorheizen.

Ein Backblech mit Meersalz bestreuen. Die Kartoffeln waschen, trocknen und auf dem Backblech verteilen. Im Backofen ca. 60 Minuten garen, anschließend abkühlen lassen.

Die erkalteten Kartoffeln halbieren und das Innere mit einem Löffel herauslösen. 400g der Kartoffelmasse mit den Eigelben, der Speisestärke, der Butter und einer kräftigen Prise Salz zu einem glatten Teig verarbeiten.

Für die Gnocchi den Teig in 8 gleich große Stücke teilen und auf einer leicht bemehlten Arbeitsfläche mit den Händen zu Rollen formen. Die Rollen mit einem Messer in gleichmäßige Stücke schneiden und über ein Gnocchibrett rollen.

Die Gnocchi in reichlich kochendem Salzwasser garen, bis sie an der Oberfläche schwimmen. Mit einer Schaumkelle herausnehmen und abtropfen lassen.

Die Gnocchi sofort servieren oder nach Bedarf in Butter braten.

▶ *Die Gnocchi passen sehr gut zu dem Rezept Entenconfit mit Flusszander (siehe Seite 158).*

Für die Klöße aus der Kartoffelmasse mit angefeuchteten Händen Kugeln formen und in reichlich kochendem Salzwasser vorsichtig kochen. Die Klöße sind gar, wenn sie an der Oberfläche schwimmen. Mit einer Schaumkelle aus dem Topf holen und abtropfen lassen.

▶ *Die Klöße schmecken hervorragend zu der Barbarie Mais Ente (siehe Seite 104).*

KARTOFFELPÜREE

FÜR 4 PERSONEN

450g mehligkochende Kartoffeln
125ml Milch
125g Butter
Meersalz
Muskatnuss

Die Kartoffeln waschen, schälen, in Würfel schneiden und mit Milch, Butter und 4g Salz in einem geeigneten Beutel vakuumieren.

In einem vorgeheizten Wasserbad bei etwa 90°C ca. 30 Minuten sous vide garen.

Danach die Kartoffeln in ein feines Sieb schütten und durch das Sieb in eine Schüssel passieren. Anschließend glatt rühren und mit Salz sowie frisch geriebener Muskatnuss abschmecken.

▶ *Das Kartoffelpüree eignet sich sehr gut als Beilage zur Magret de Canard »Rossini« (siehe Seite 100).*

GRIESSKLÖSSCHEN

FÜR 4 PERSONEN | STANDZEIT CA. 60 MINUTEN

250ml Milch
20g Butter
100g Grieß
1 Ei
1 Eigelb
Meersalz
Gemüsebrühe

Die Milch mit der Butter in einem Topf aufkochen. Den Grieß langsam einrieseln lassen und so lange rühren, bis sich die Masse am Boden festsetzt.

Den Grieß von der Kochstelle nehmen und kurz abkühlen lassen. Dann Ei und Eigelb unterziehen und mit einer kräftigen Prise Salz würzen. Die Masse ca. 60 Minuten kalt stellen. Danach lassen sich die Klößchen besser formen.

Aus der Grießmasse mit angefeuchteten Händen kleine Klößchen formen und in reichlich kochender Brühe leicht köcheln. Sie sind gar, wenn sie an der Oberfläche schwimmen.

▶ *Die Grießklößchen eigenen sich gut als Einlage für den Enteneintopf (siehe Seite 72).*

MAISSPONGE

FÜR 4 PERSONEN | STANDZEIT CA. 60 MINUTEN

120g Maiscreme (siehe Seite 174)
1 Eigelb
5 Eiweiß
50g Zucker
2g Meersalz
20g Weizenmehl

AUSSERDEM
1 Sahnespender (Inhalt 500 ml)
2 Sahnekapseln

Die Maiscreme mit Eigelb, Eiweißen, Zucker und Salz verrühren. Das Mehl nur unterheben und die Masse durch ein Sieb passieren. Dann in einen Sahnespender füllen, mit den Kapseln begasen und ca. 60 Minuten kalt stellen.

Einen Plastikbecher zur Hälfte mit dem Maisespuma füllen und in einer Mikrowelle 40 Sekunden bei 900 Watt backen. Aus dem Becher lösen und stürzen.

Den Maissponge sofort anrichten oder trocknen.

▶ *Den Maissponge zum Rezept Challans Ente – Mais, roter Mangold, Erdnüsse und Blaubeeren (siehe Seite 128) reichen.*

EINGELEGTER CHICORÉE

FÜR 4 PERSONEN

8 Chicoréestauden
300ml Orangensaft
Zucker, nach Bedarf
3g Meersalz
0,5g Safranfäden
25g kalte Butter

Die Chicoréestauden längs halbieren und den Strunk herausschneiden. Stauden ca. 10 Minuten in lauwarmes Wasser legen. Das entzieht ihnen die Bitterstoffe.

Den Orangensaft in einem Topf aufkochen und auf 100ml reduzieren. Nach Bedarf Zucker, Salz sowie Safranfäden hinzufügen und abkühlen lassen.

Die Chicoréehälften aus dem Wasser nehmen, abtropfen lassen und in einen geeigneten Beutel geben. Die Orangenreduktion zugießen und vakuumieren. In einem Dampfgarer bei 100°C und 100% Luftfeuchtigkeit ca. 8–10 Minuten garen. Den Beutel in ausreichend Eiswasser abschrecken.

Chicorée aus dem Beutel nehmen. Den Sud passieren, in einem Topf aufkochen und etwas reduzieren. Die kalte Butter einrühren und die Chicoréehälften darin glasieren.

▶ *Den eingelegten Chicorée für das Rezept Challans Ente – Sellerie, Pumpernickel-Knödel und Chicorée (siehe Seite 116) verwenden.*

KRAUTSALAT ASIATISCH

FÜR 4 PERSONEN | STANDZEIT CA. 2 STUNDEN

DRESSING
50ml Gemüsebrühe
40ml Reisessig
30ml helle Sojasauce
1 EL Sake
5g Misopaste
30ml Rapsöl
20g Ingwerwurzel
1 Knoblauchzehe

KRAUTSALAT
1 Pak Choi
¼ Chinakohl
¼ Spitzkohl
Meersalz
Zitronensaft
1 Noriblatt

DEKORATION
2 EL Sesamsamen
2 Rosenkohlröschen
gesäuberte Enokipilze
Pflanzenöl zum Frittieren

DRESSING
Aus Brühe, Reisessig, Sojasauce, Sake, Misopaste und Rapsöl ein Dressing herstellen. Ingwer und Knoblauch schälen, fein reiben und dazugeben. Das Dressing ca. 2 Stunden ziehen lassen.

KRAUTSALAT
Die Kohlköpfe putzen, waschen, gut abtropfen lassen, in Blätter zerteilen und nacheinander in reichlich kochendem Salzwasser einige Minuten blanchieren. In einem Sieb in ausreichend Eiswasser abschrecken und gut abtropfen lassen. Den Strunk der Kohlblätter herausschneiden und die Blätter in grobe Stücke zupfen.

Anschließend die Kohlblätter mit dem Dressing marinieren, mit Zitronensaft abschmecken. Das Noriblatt in feine Streifen schneiden und zum Schluss unter den Salat mischen.

DEKORATION
Sesam in einer Pfanne ohne Zugabe von Fett rösten und herausnehmen. Die Rosenkohlröschen in einzelne Blätter zerpflücken und diese in reichlich heißem Öl frittieren. Herausnehmen und auf Küchenpapier abtropfen lassen.

ANRICHTEN
Den Salat in kleinen Schalen anrichten und mit Sesamkörnern, frittiertem Rosenkohl und Enokipilzen garnieren.

▶ *Den Salat zu den gedämpften Buns (siehe Seite 191) reichen.*

WIRSINGLASAGNE

FÜR 4 PERSONEN | STANDZEIT CA. 2 STUNDEN

10 Champignons
1 Karotte
1 kleine Steckrübe
½ Knollensellerie
1 Fenchelknolle
1 Petersilienwurzel
1 Schalotte
1 Knoblauchzehe
Butter zum Anschwitzen
Meersalz
Pfeffer aus der Mühle
Zucker
1 Wirsing

Die Pilze säubern. Das Gemüse putzen, waschen und bei Bedarf schälen. Pilze und Gemüse in feine Würfel schneiden. Schalotte und Knoblauch schälen, klein hacken und in einer Pfanne mit etwas Butter langsam anschwitzen. Die Gemüsewürfel hinzufügen und mit Salz, Pfeffer und einer Prise Zucker abschmecken. Das Gemüse einige Minuten bissfest schmoren.

Den Wirsing in Blätter zerteilen. Die Blätter waschen und in reichlich kochendem Salzwasser kurz blanchieren. Herausnehmen, sofort in ausreichend Eiswasser abschrecken und auf sauberen Küchenhandtüchern ausgelegt abtropfen lassen. Den Strunk herausschneiden und die Blätter mit einer Teigrolle glatt rollen.

Die Wirsingblätter mit der Gemüsemasse dünn bestreichen und übereinander in eine Form schichten. Die Wirsinglasagne mit einem Teller beschweren und im Kühlschrank ca. 2 Stunden durchziehen lassen.

Den Backofen auf 160°C Umluft vorheizen.

Die Wirsinglasagne aus der Form nehmen und in Portionsstücke schneiden. Im Backofen ca. 10 Minuten erwärmen.

▶ *Die Wirsinglasagne als Beilage zur Barbarie Mais Ente (siehe Seite 104) servieren.*

SPITZKOHLSUSHI

FÜR 4 PERSONEN

1 Spitzkohl
Meersalz
2 Schalotten
Butter zum Anschwitzen
Zucker
weißer Pfeffer aus der Mühle

AUSSERDEM
Sushimatte

Den Spitzkohl putzen, in einzelne Blätter teilen, waschen und trocken schütteln. 4–8 große Spitzkohlblätter aussuchen und in reichlich kochendem Salzwasser blanchieren, in ausreichend Eiswasser abschrecken, abtropfen lassen und den Strunk herausschneiden. Die Blätter mit einer Teigrolle leicht plattieren.

Von den restlichen Spitzkohlblättern den Strunk herausschneiden und die Blätter in Streifen schneiden. Die Streifen ebenfalls blanchieren und abschrecken, gut abtropfen lassen und ausdrücken.

Die Schalotten schälen und fein hacken. In einer Pfanne etwas Butter erhitzen, die Schalottenwürfel darin anschwitzen und mit den Spitzkohlstreifen mischen. Mit Salz, wenig Zucker und weißem Pfeffer abschmecken.

Die großen Blätter nacheinander auf eine Sushimatte legen, etwas Spitzkohlmasse darauf verteilen und zu Rollen formen. In gleichmäßige Stücke schneiden.

▶ *Das Spitzkohlsushi ist eine hervorragende Beilage zur Peking Entenbrust (siehe Seite 166).*

ROTKOHL

FÜR 4 PERSONEN | STANDZEIT CA. 24 STUNDEN

GEWÜRZE
10 Wacholderbeeren
2 Sternanis
½ Zimtstange
1 Lorbeerblatt
2 Nelken
1 TL schwarze Pfefferkörner

ROTKOHL
800g Rotkohl
230ml Orangensaft
Meersalz
200ml Rotwein
40ml Himbeeressig
20ml Rotweinessig
100g Zwiebeln
80g Zucker
80g Entenfett
Gemüsebrühe, nach Bedarf
1 Apfel (z.B. Elstar)
10g Zartbitterschokolade (75% Kakaoanteil)
Pfeffer aus der Mühle

Die Gewürze in einen Teefilter geben und mit Küchengarn zubinden. Vom Rotkohl die äußeren Blätter entfernen, vierteln, den Strunk herausschneiden und auf einem Küchenhobel in feine Streifen hobeln. Mit dem Orangensaft, 15g Salz, Rotwein und den Essigen in einer Schüssel gut durchkneten. Das Gewürzsäckchen hinzufügen und den Kohl abgedeckt ca. 24 Stunden im Kühlschrank marinieren.

Die Zwiebeln schälen und fein würfeln. Den Zucker in einem Topf unter Rühren karamellisieren und das Entenfett darin zerlassen. Zwiebeln zugeben und glasig schmoren, dann den Rotkohl mit dem Gewürzsäckchen dazugeben. Ca. 90 Minuten bei geschlossenem Deckel weich köcheln, evtl. etwas Brühe angießen. Den Apfel schälen, vierteln, Kerngehäuse entfernen, den Apfel ca. 20 Minuten vor Ende der Garzeit in den Rotkohl reiben und unterrühren, damit er bindet. Nach Ende der Garzeit die Schokolade dazureiben und mit Salz und Pfeffer abschmecken. Vor dem Servieren das Gewürzsäckchen entfernen.

▶ *Den Rotkohl zur Barbarie Mais Ente (siehe Seite 104) servieren.*

ROTKOHLSALAT

FÜR 4 PERSONEN | STANDZEIT CA. 2 STUNDEN

800g Rotkohl
Meersalz
150ml Orangensaft
20ml Himbeeressig
20ml Rotweinessig
30ml Sherryessig
60ml Pflanzenöl
20ml Haselnussöl
1g Xanthan
1 EL Preiselbeeren
Pfeffer aus der Mühle

Vom Rotkohl die äußeren Blätter entfernen, vierteln, den Strunk herausschneiden und auf einem Küchenhobel in feine Streifen hobeln. Mit 13g Salz kräftig verkneten.

In der Zwischenzeit den Orangensaft in einem Topf auf ein Viertel der Menge reduzieren. Anschließend mit den restlichen Zutaten zum Rotkohl geben und alles gut, am besten mit den Händen, kneten. Den Salat ca. 2 Stunden bei Zimmertemperatur durchziehen lassen, nochmals gut mischen, dann mit Salz und Pfeffer abschmecken.

▶ *Den Rotkohlsalat zum Rezept Sauerbraten von Entenkeulen mit Erdfrüchtepüree, Mandeln und Rosinen servieren (siehe Seite 169).*

BANANENCHUTNEY

FÜR 4 PERSONEN

3 Bananen
20g Zucker
5g Curry Anapurna
50ml Zitronensaft
Meersalz
30g selbst gemachte Mayonnaise (siehe Seite 213)
20g Schmand

Die Bananen schälen und in ½cm große Würfel schneiden. Den Zucker in einer Pfanne karamellisieren und das Currypulver einstreuen. Geschnittene Bananen hinzufügen, kurz anschwitzen und mit Zitronensaft ablöschen. Den Zitronensaft ca. 2 Minuten reduzieren, bis keine Flüssigkeit mehr vorhanden oder die Masse gebunden ist. Mit Salz abschmecken. Das Chutney auf einen Teller geben und im Kühlschrank abkühlen lassen. Die Mayonnaise und den Schmand unter das kalte Chutney heben und nochmals abschmecken.

▶ *Das Bananenchutney passt sehr gut zum Entenburger (siehe Seite 189).*

GRUNDREZEPTE

ENTENPASTRAMI

FÜR 4 PERSONEN | STANDZEIT CA. 37 STUNDEN

BEIZE
500ml Wasser
20g Meersalz
4g Pökelsalz
40g brauner Zucker
3g Korianderkörner
2,5g Pfefferkörner
6g Senfkörner
1g rosa Beeren
1g Fenchelsaat
1 Lorbeerblatt
2 Nelken
1g Chilipulver
3g Pimentpulver
1g Zimtpulver
2 männliche Entenbrüste
(à ca. 350g)

GEWÜRZE ZUM EINREIBEN
30g Wacholderbeeren
30g Pfefferkörner
15g Korianderkörner
8g Knoblauchpulver
6g Chiliflocken

AUSSERDEM
Räucherpfeife
Buchenspäne

BEIZE

100ml Wasser aufkochen und Salz, Pökelsalz sowie Zucker darin auflösen. Das restliche Wasser hinzufügen. Die Gewürze in einer Pfanne ohne Zugabe von Fett leicht rösten und zur Würzlake geben. Die Entenbrüste von Sehnen, Federresten und überschüssigem Fett befreien, dann waschen, trocken tupfen und abgedeckt in der Lake ca. 36 Stunden im Kühlschrank beizen.

GEWÜRZE ZUM EINREIBEN

Die fertig gebeizten Brüste aus der Lake nehmen und abtropfen lassen. Die Gewürze zum Einreiben mahlen und das Fleisch damit einreiben. Nochmals ca. 60 Minuten kalt stellen.

FERTIGSTELLEN

Die gewürzten Entenbrüste in einem geeigneten Beutel vakuumieren und in einem vorgeheizten Wasserbad bei etwa 65°C ca. 25 Minuten sous vide garen.

Einige Buchenspäne in eine Alugrillschale geben, mit Alufolie abdecken und mit einem Messer mehrmals einstechen. Die Schale auf einen Topfboden stellen und ein Gitter auflegen. Die Entenbrüste auf das Gitter legen. Den Topf abgedeckt auf der Kochstelle bei höchster Temperatureinstellung aufheizen, bis es anfängt zu rauchen. Dann die Entenbrüste bei niedriger Temperatur ca. 20 Minuten räuchern.

Alternativ die Entenbrüste in einen Topf geben. Einige Buchenspäne in eine Räucherpfeife füllen, diese Entzünden und den Rauch in den Topf blasen. Die Brüste abgedeckt auf diese Weise ebenfalls ca. 20 Minuten räuchern.

Nach dem Räuchervorgang die Gewürze auf der Entenhautseite entfernen und die Brüste auf der Hautseite in einer Pfanne ohne Zugabe von Fett kräftig anbraten. Abkühlen lassen und je nach Rezept in dünne Scheiben schneiden.

▶ *Das Pastrami wird für das Rezept Pastrami von der Entenbrust (siehe Seite 52) benötigt.*

ENTENFOND

FÜR CA. 3 LITER | STANDZEIT ÜBER NACHT

2kg Entenkarkassen
50g Entenfett
3l Wasser
200g Zwiebeln
60g Karotte
80g Staudensellerie
80g Weißes vom Lauch
10 Champignons
1 Petersilienstängel

Die Entenkarkassen klein hacken und in einem großen Topf im heißen Entenfett goldgelb braten. Mit dem kalten Wasser auffüllen und ca. 2 Stunden leicht köcheln lassen.

Zwiebeln schälen. Karotte putzen und schälen. Staudensellerie und Lauch putzen und waschen. Die Champignons säubern. Die Zwiebeln und das vorbereitete Gemüse in grobe Stücke schneiden und nach 1,5 Stunden Garzeit zum Fond geben.

Ca. 10 Minuten vor Ende der Kochzeit den gewaschenen Petersilienstängel zufügen und darin ziehen lassen.

Dann den Fond durch ein feines Sieb oder Tuch passieren. Den Fond über Nacht im Kühlschrank kalt werden lassen. Am nächsten Tag das an der Oberfläche abgelagerte Fett entfernen.

ENTENJUS

FÜR CA. 1 LITER

1kg Entenkarkassen (Flügel, Knochen, etc.)
1 Karotte
50g Knollensellerie
⅓ Stange Lauch
150g Zwiebeln
Entenfett zum Braten
1 EL Tomatenmark
250ml Rotwein
100ml Madeira
2l Entenfond (siehe Seite 211)
Butter oder Speisestärke zum Binden, nach Belieben
Meersalz
Pfeffer aus der Mühle

Den Backofen auf 180°C Umluft vorheizen.

Die Karkassen in grobe Stücke zerteilen und noch vorhandenes Fett entfernen. Dann auf einem Blech im Backofen ca. 30 Minuten goldbraun rösten.

Karotte und Sellerie putzen, schälen und in Würfel schneiden. Lauch putzen, waschen und grob in Ringe schneiden. Zwiebeln schälen und grob würfeln.

Das Entenfett in einem Topf erhitzen und das Gemüse darin anbraten. Die gerösteten Knochen auf einem Sieb abtropfen lassen und dann zum Gemüse geben. Das Tomatenmark zufügen und mitrösten.

Mit einem Drittel des Rotweins ablöschen, vollständig reduzieren und diesen Vorgang noch zweimal wiederholen. Dadurch bekommt die Jus eine dunklere Farbe. Zum Schluss mit Madeira und Entenfond aufgießen. Alles ca. 2 Stunden bei mittlerer Temperatur köcheln lassen.

Anschließend durch ein Sieb passieren und den Fond kräftig reduzieren, bis er die gewünschte Konsistenz erreicht hat. Das vorhandene Fett abschöpfen. Die Jus nach Belieben mit Butter oder Speisestärke binden. Zum Schluss mit Salz und Pfeffer abschmecken.

ROTKOHLJUS

FÜR CA. 500 ML

½ Rotkohl
500ml Rotwein
500ml Gemüsebrühe oder Entenfond
(siehe Seite 211)
100ml Rotweinessig
50ml Himbeeressig
50ml Orangensaft
100g Zucker
½ Zimtstange
1 Nelke
4 Wacholderbeeren
1 Sternanis
½ TL Korianderkörner
5 Pimentkörner
1 Lorbeerblatt
5 Pfefferkörner
Meersalz
Speisestärke, nach Bedarf

Vom Rotkohl die äußeren Blätter entfernen, den Kohl vierteln, den Strunk herausschneiden und klein schneiden. In einem Standmixer mit Rotwein, Fond, den Essigen und Orangensaft fein pürieren. Das Püree durch ein feines Sieb passieren und in einen Topf geben. Den Zucker einrühren und die Masse langsam auf ein Viertel der Menge reduzieren. Die Gewürze hinzufügen. Ca. 10 Minuten ziehen lassen, wieder durch ein Sieb passieren und mit Salz abschmecken. Nach Bedarf mit Speisestärke binden.

ROTKOHLCREME

FÜR 4 PERSONEN

500g Rotkohl
1 EL Senfkörner
100ml Rotwein (z.B. Dornfelder)
50ml Himbeeressig
Meersalz
1g Xanthan
1 Msp. Quatre Épices
Pfeffer aus der Mühle

Vom Rotkohl die äußeren Blätter entfernen, den Kohl vierteln, den Strunk herausschneiden und klein schneiden. Mit den Senfkörnern und dem Rotwein in einen geeigneten Beutel geben und vakuumieren. In einem vorgeheizten Wasserbad bei etwa 95°C oder im Dampfgarer bei 95°C ca. 90 Minuten sous vide garen, alternativ in einem Kochtopf langsam weich köcheln.

Nach Ende der Garzeit, wenn der Kohl sehr weich ist, Essig, 10g Salz, Xanthan und Quatre Épices hinzufügen und den Kohl in einem Standmixer sehr fein pürieren. Durch ein feines Sieb streichen und mit Salz und Pfeffer abschmecken.

TIPP Die Creme schmeckt sehr gut zur Barbarie Mais Ente (siehe Seite 104).

SELBST GEMACHTE MAYONNAISE

FÜR CA. 200 G

1 frisches Eigelb
1 TL Dijonsenf
160ml Traubenkernöl
20g Schmand
Meersalz
Zitronensaft

Das Eigelb und den Senf in einer Schüssel mit einem Schneebesen oder in einem Mixbecher mit dem Pürierstab aufschlagen. Das Öl in langsamem Strahl unter ständigem Rühren einlaufen lassen. Zuletzt den Schmand unterrühren. Mit Salz und einem Spritzer Zitronensaft abschmecken.

TRÜFFELJUS

FÜR CA. 200 ML

100ml Madeira
100ml Kalbs- oder Entenjus (siehe Seite 211)
25ml Trüffelsud (aus dem Glas)
Meersalz
Pfeffer aus der Mühle
15g kalte Butter

Den Madeira in einem Topf aufkochen und auf die Hälfte reduzieren. Mit der Jus und dem Trüffelsud auffüllen. Mit Salz und Pfeffer abschmecken. Die kalte Butter portionsweise einmixen und die Jus auf diese Weise binden.

EINGELEGTE SENFKÖRNER

FÜR CA. 50 G

50g helle Senfkörner
60g Zucker
Meersalz
600ml Wasser
60ml weißer Balsamico

AUSSERDEM
Glas mit Deckel

Die Senfkörner mit 20g Zucker, 10g Salz und 200ml Wasser aufkochen. Das Ganze bei mittlerer Temperatur ca. 5 Minuten köcheln lassen, dann durch ein feines Sieb passieren und abspülen.

Den Vorgang wie beschrieben noch zweimal wiederholen, dadurch werden die bitteren Gerbstoffe aus den Senfkörnern gelöst.

Die Senfkörner in ein verschließbares Glas füllen und mit Balsamico auffüllen. Mit einer kräftigen Prise Salz würzen.

VINAIGRETTE

FÜR CA. 100 ML | STANDZEIT CA. 60 MINUTEN

1 Schalotte
1 Stängel Petersilie
40ml Pflanzenöl
20ml weißer Balsamico
5ml Sherryessig
30ml Entenfond (siehe Seite 211)
10ml Olivenöl
5g Senf
5g flüssiger Honig
2g Meersalz

AUSSERDEM
Glas mit Deckel

Die Schalotte schälen und fein hacken. Die Petersilie waschen, trocken schütteln, die Blättchen abzupfen und fein hacken. Die restlichen Zutaten miteinander mischen. Schalotte und Petersilie einrühren und die Vinaigrette ca. 60 Minuten durchziehen lassen. Durch ein feines Sieb passieren und in ein Glas mit Deckel abfüllen. Im Kühlschrank hält sich die Vinaigrette einige Tage.

BROMBEER-SHIRAZ-KOMPOTT

FÜR 2 STERILE GLÄSER (À CA. 250 ML INHALT)

500g Brombeeren
50g brauner Zucker
250ml Shiraz
½ Vanilleschote
3 Zimtblüten
5 Pfefferkörner
1 Sternanis

Die Brombeeren verlesen, waschen, abtropfen lassen und halbieren. Den Zucker in einer Pfanne unter Rühren karamellisieren und mit dem Shiraz ablöschen. Die Mischung zur Hälfte einkochen. Vanilleschote, Zimtblüten, Pfefferkörner und Sternanis hinzufügen.

Die Brombeeren in die Flüssigkeit geben und bei mittlerer Temperatur ca. 3 Minuten langsam köcheln. Das Brombeerkompott in sterile Gläser füllen.

▶ *Das Brombeer-Shiraz-Kompott schmeckt zum Beispiel sehr gut zum Entenleberparfait (siehe Seite 145).*

BRIOCHE

FÜR 12 STÜCK | STANDZEIT CA. 2 STUNDEN

HEFETEIG
70ml Milch
12g frische Hefe
25g Zucker
190g Weizenmehl
4g Meersalz
3 Eigelb
40g weiche Butter

AUSSERDEM
Weizenmehl zum Bearbeiten
1 Eigelb
20ml Milch

Die Milch erwärmen und die Hefe mit dem Zucker darin auflösen. Das Mehl in die Schüssel einer Küchenmaschine geben und die Hefemilch, Salz und Eigelbe hinzufügen.

Mit dem Knethaken ca. 2 Minuten zu einem glatten Teig verarbeiten. Dann die Butter nach und nach zum Teig geben und weitere ca. 10 Minuten kneten. An einem warmen Ort ca. 60 Minuten gehen lassen, bis sich das Volumen verdoppelt hat.

Den Teig auf einer leicht bemehlten Arbeitsfläche zu einer Rolle formen, in 12 Stücke teilen und daraus kleine Kugeln formen. Die Teigkugeln abgedeckt weitere ca. 60 Minuten an einem warmen Ort gehen lassen.

Den Backofen auf 180°C Umluft vorheizen.

Das Eigelb mit der Milch verrühren. Die Brioche auf ein Backblech setzen und mit der Eimilch einstreichen. Im Backofen ca. 9–12 Minuten backen. Herausnehmen und auskühlen lassen.

▶ *Die Brioche passen sehr gut zur gehobelten Entenleber mit Kirschen, Sherrygelee und Kakaonibs (siehe Seite 28).*

TIPP Die Eimilch können Sie auch in eine Sprühflasche füllen und die Brioche damit besprühen.

GEDÄMPFTE BUNS

FÜR 16 STÜCK | STANDZEIT CA. 2 STUNDEN

220ml Wasser
4g Trockenhefe
15g Zucker
12g Meersalz
25ml Pflanzenöl
15ml Reisessig
380g Weizenmehl
5g Backpulver

AUSSERDEM
Weizenmehl zum Bearbeiten
Pflanzenöl zum Bestreichen
Bambusdämpfer

Das Wasser leicht erwärmen und in eine Schüssel geben. Hefe, Zucker und Salz hinzufügen und darin auflösen. Öl und Essig zur Hefemischung geben. Mehl und Backpulver mischen und ebenfalls dazugeben.

Die Masse in einer Küchenmaschine mit Knethaken ca. 5 Minuten langsam verkneten, bis sich ein weicher Teig gebildet hat. Weitere 2 Minuten kräftig kneten. Den Teig mit etwas Mehl bestäuben und abdecken. An einen warmen Ort gehen lassen, bis sich das Volumen verdoppelt hat.

Den Teig auf einer leicht bemehlten Arbeitsfläche zu 2 Rollen formen und jeweils in 8 Stücke teilen. Daraus 16 kleine Kugeln formen und abgedeckt an einem warmen Ort ca. 60 Minuten gehen lassen.

Die Kugeln leicht ausrollen, in der Mitte eindrücken und zusammenklappen.

Backpapier in Quadrate schneiden, mit Öl bestreichen und die Buns darauflegen. In einem Bambusdämpfer ca. 10 Minuten dämpfen, bis der Teig gar ist. Herausnehmen und auskühlen lassen.

▶ *Die Buns werden beim Rezept Gedämpfte Buns mit Ente, Erdnussbutter und Gurke (siehe Seite 191) benötigt.*

TIPP Die Kugeln können auch im Ganzen gedämpft werden, dann die Unterseite kurz in heißem Öl anbraten, damit sie eine schöne Kruste bekommen.
Die gedämpften Buns lassen sich auch gut einfrieren.

SPICE RUB

FÜR CA. 70 G

11g rote Chiliflocken
15g Pfefferkörner
2g Kreuzkümmelkörner
5g Korianderkörner
8g Fenchelsamen
10g Senfkörner
2,5g Knoblauchpulver
15g edelsüßes Paprikapulver

Die festen Gewürze in einem Mörser oder einer Gewürzmühle grob zermahlen.

Die Gewürze sollten nicht zu fein gemahlen werden. Zum Schluss mit Knoblauch- und Paprikapulver vermischen.

▶ *Das Spice Rub wird für das Rezept Fried Duck mit gelber Sweet Chili Sauce (siehe Seite 196) benötigt.*

HOTEL NASSAUER HOF
TAXI

Hotel-Route
Kurhaus/Casino

ENTENTEILE

Zunge	Flügel	Filet	(Stopf)leber
Gebackene Entenzungen & Langostinocarpaccio 40	Duck Tea, eisgefiltert, mit Pulled Duck-Ravioli 64	Satéspieße vom Entenfilet 15	Entenleberpralinen 19
Entenzungen in Teriyakisauce & gedämpfter Kabeljau 96	Enteneintopf mit Herz & Magen 72		Gehobelte Entenleber 28
			Entenleberterrine 32
			Roh marinierte Entenleber 36
			Entenlebereis & Taschenkrebssalat 44
			Gebratene Entenstopfleber mit Räucheraal 80
			Magret de Canard »Rossini« 100
			Entenleber Crème brûlée 142
			Entenleberparfait klassisch 145
			Geräuchertes Entenleberparfait 146
			Glasierte Lebern »Berliner Art« 162
			Entenleberwurst 183

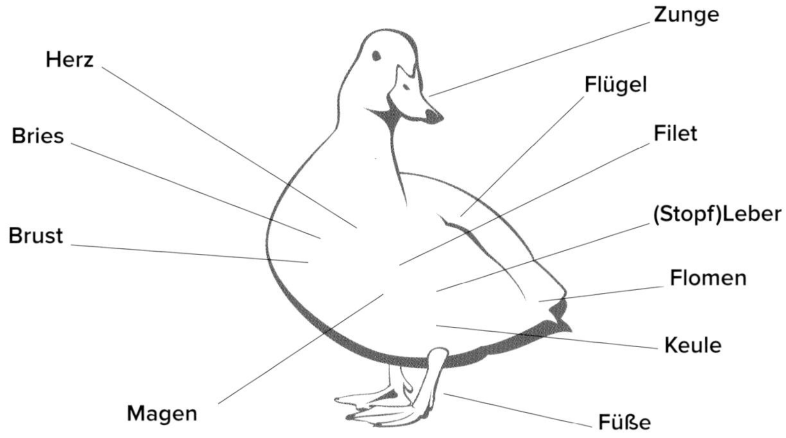

Ganze Ente (Karkassen)

Flomen/Fett	Keulen	Füße	Ganze Ente	Karkassen	Magen	Brust	Bries	Herz
Entengriebenkruste auf Steinbutt **92**	Gelierter Entenborschtsch **60**	Knusprige Entenfüße **16**	Duck Tea, eisgefiltert, mit Pulled Duck-Ravioli **64**	Enteneintopf mit Herz & Magen **72**	Enteneintopf mit Herz & Magen **72**	Entenschinken **16**	Gebackenes Entenbries **18**	Enteneintopf mit Herz & Magen **72**
Wolfsbarsch im Bananenblatt mit Entenfett **157**	Enteneintopf mit Herz & Magen **72**		Geschmorte Barbarie Mais Enten **104**	Challans Ente – Bohnencreme, Pfirsichspalten und Steinpilze **112**	Gepökelte Entenmägen & Feldsalat **141**	Pastrami von der Entenbrust & Gemüsesalat **52**	Entenbries & Tatar von der roten Wildgarnele **48**	Entenherzen mit Wurzelgemüse **76**
Confierte Artischocken in Entenfett **180**	Entenravioli mit Spinat **153**		Rosa gebratene Challans Ente **108**	Challans Ente – Sellerie, Pumpernickel-Knödel, Chicorée und Pfifferlinge **116**	Gepökelte Entenmägen & Waller **161**	Tataki von der Challans Entenbrust **56**		Glasierte Entenherzen & St. Pierre **88**
Confierte Entenkeulen **181**	Tagliatelle mit Entenragout und Orangen **154**		Pulled Duck **177**	Challans Ente – Kürbis, Rosenkohl, Kernöl und Zimtblütenjus **120**		Gelierter Entenborschtsch **60**		
Chicoréesalat mit Grieben und Blaubeeren **183**	Entenconfit mit Flusszander **158**		Entenwrap – Pulled Duck **195**	Challans Ente – Blumenkohl, Radieschen, Senfkörner und Meerrettich **124**		Entenschinken & warmes Waldpilzgelee **68**		
Pommes in Entenfett **188**	Sauerbraten von Entenkeulen **169**			Challans Ente – Maiscreme, roter Mangold, Erdnüsse und Blaubeeren **128**		Enteneintopf mit Herz & Magen **72**		
	Confierte Entenkeulen **181**			Challans Ente à la presse **135**		Entenbrust mit Holunderblütencurrysauce **84**		
	Entenrillettes **183**			Entenfond **211**		Magret de Canard »Rossini« **100**		
	Entenleberwurst **183**			Entenjus **211**		Entenschinken im Pastinakensüppchen **149**		
	Fried Duck **196**					Ententagliata mit Rucola **150**		
						Peking Entenbrust mit Basmatireissud **166**		
						Entenschaschlik mit Backpflaumen **170**		
						Entenroulade mit Maiscreme **174**		
						Entenburger **189**		
						Gedämpfte Buns mit Entenbrust **191**		
						Club Sandwich aus Schwarzbrot mit Entenbrust **192**		

REZEPTREGISTER

Artischocken, confierte, in Entenfett 180

Bananenchutney 207
Barbarie Mais Ente, geschmorte 104
Breznknödel 202
Brioche 214
Briocheknödel 202
Brombeer-Shiraz-Kompott 214
Buns, gedämpfte, mit Entenbrust, Erdnussbutter und Gurke 191

Challans Ente – Blumenkohl, Radieschen, Senfkörner und Meerrettich 124
Challans Ente – Bohnencreme, Pfirsichspalten und Briocheknödel 112
Challans Ente – Chicorée, Sellerie, Pumpernickel-Knödel und Pfifferlinge 116
Challans Ente – Kürbis, Rosenkohl, Kernöl und Zimtblütenjus 120
Challans Ente – Maiscreme, roter Mangold, Erdnüsse und Blaubeeren 128
Challans Ente à la presse 135
Challans Ente, rosa gebratene 108
Chicorée, eingelegter 204
Chicoréesalat mit Grieben und Blaubeeren 138
Club Sandwich aus Schwarzbrot mit Entenbrust, Currymayo, Salat, Gurke, Tomate und Ei 192
Confierte Artischocken in Entenfett 180
Confierte Entenkeulen 181
Confierte Entenkeulen mit Bohnencassoulet 173

Duck Tea, eisgefiltert, mit Pulled Duck-Ravioli und Shisokresse 64

Eingelegte Senfkörner 213
Eingelegter Chicorée 204
Entenborschtsch, gelierter, mit Schmand und Kaviar 60
Entenbries & Tatar von der roten Wildgarnele mit grünen Erdbeeren, Zitronengel, Gin und Joghurteis 48
Entenbries, gebackenes, mit Remouladensauce 18
Entenbrust mit Holunderblütencurrysauce 84
Entenburger 189
Entenconfit mit Flusszander, Brokkoli und Rahmpfifferlingen 158
Enteneintopf mit Herz & Magen, Gemüse, Wachteleiern und Grießklößchen 72
Entenfilet, Satéspieße vom 17
Entenfond 211
Entenfüße, knusprige 16
Entengriebenkruste auf Steinbutt mit Petersiliencreme, Kohlrabi, Steinpilzen und geräuchertem Linsenjus 92
Entengröstl mit Navettensalat 165
Entenherzen mit Wurzelgemüse, Senf, Malzbröseln, Majoran und Selleriepüree 76
Entenherzen, glasierte, & St. Pierre mit Topinambur, Apfel und Bacon Dashi 88
Entenjus 211
Entenkeulen, confierte 181
Entenleber Crème brûlée 142
Entenleber, gehobelte, mit Kirschen, Sherrygelee und Kakaonibs 28
Entenleber, roh mariniert, mit Artischocken, Trüffelvinaigrette und Micro Leaf Salat 36
Entenlebereis & Taschenkrebssalat mit Oliven, Artischockenchips, grünem Apfel und Brunnenkresse 44
Entenleberparfait klassisch 145
Entenleberparfait, geräuchertes, mit Stud»enten«futter 146
Entenleberpralinen 19
Entenleberterrine mit Aromen von süß bis salzig 32
Entenleberwurst 183
Entenmägen, gepökelte, & Feldsalat mit Radieschen, Blumenkohl und Meerrettich 141
Entenpastrami 210
Entenravioli mit Spinat 153
Entenrillettes 182
Entenroulade mit Maiscreme, Maiskolben und wildem Brokkoli 174
Entenschaschlik mit Backpflaumen, Perlzwiebeln und Petersilienwurzelstampf 170
Entenschinken & warmes Waldpilzgelee mit Pilzen, Pilzerde und Rote Bete 68
Entenschinken im Pastinakensüppchen mit Haselnüssen und Petersilienpesto 149

Entenschinken von der Brust 16
Entenstopfleber, gebratene, mit Räucheraal, Kirschen und Teriyakisauce 80
Ententagliata mit Rucola, Parmesan und altem Balsamico 150
Entenwrap – Pulled Duck mit Hummus, Zsatar, Gurke und Tomate 195
Entenzungen in Teriyakisauce & Gedämpfter Kabeljau mit Pak Choi und Reisbällchen 96
Entenzungen, gebackene, & Langostinocarpaccio mit Ananas, Fenchel, Quinoa und geeister Banane 40
Erdfrüchtepüree 169

Fried Duck mit gelber Sweet Chili Sauce 196

Gebackene Entenzungen & Langostinocarpaccio mit Ananas, Fenchel, Quinoa und geeister Banane 40
Gebackenes Entenbries mit Remouladensauce 18
Gebratene Entenstopfleber mit Räucheraal, Kirschen und Teriyakisauce 80
Gedämpfte Buns 215
Gedämpfte Buns mit Entenbrust, Erdnussbutter und Gurke 191
Gehobelte Entenleber mit Kirschen, Sherrygelee und Kakaonibs 28
Gelierter Entenborschtsch mit Schmand und Kaviar 60
Gepökelte Entenmägen & Feldsalat mit Radieschen, Blumenkohl und Meerrettich 141
Gepökelte Entenmägen & Waller mit Karotten, Graupenrisotto und Meerrettich 161
Geräuchertes Entenleberparfait mit Stud»enten«futter 146
Geschmorte Barbarie Mais Ente 104
Glasierte Entenherzen & St. Pierre mit Topinambur, Apfel und Bacon Dashi 88
Glasierte Lebern »Berliner Art« mit Püree, Äpfeln, Röstzwiebeln und Balsamico 162
Gnocchi 202
Grießklößchen 203

Kartoffelklöße 202
Kartoffelpüree 203
Knusprige Entenfüße 16
Krautsalat asiatisch 205

Lebern »Berliner Art«, glasierte, mit Püree, Äpfeln, Röstzwiebeln und Balsamico 162

Magret de Canard »Rossini« 100
Maissponge 204
Mayonnaise, selbst gemachte 213

Pastrami von der Entenbrust & Gemüsesalat mit frittierter Hollandaise 52
Peking Entenbrüste mit Basmatireissud 166
Petersilienwurzelstampf 170
Pommes in Entenfett – drei Variationen 188
Pulled Duck 177

Remouladensauce 18
Roh marinierte Entenleber mit Artischocken, Trüffelvinaigrette und Micro Leaf Salat 36
Rosa gebratene Challans Ente 108
Rotkohl 206
Rotkohlcreme 212
Rotkohljus 212
Rotkohlsalat 207

Satéspieße vom Entenfilet 17
Sauerbraten von Entenkeulen mit Erdfrüchtepüree, Mandeln und Rosinen 169
Selbst gemachte Mayonnaise 213
Senfkörner, eingelegte 213
Spice Rub 215
Spitzkohlsushi 206
Sweet Chili Sauce, gelbe 196

Tagliatelle mit Entenragout und Orangen 154
Tataki von der Challans Entenbrust mit Erdnüssen, Chili, Frühlingszwiebeln, Teriyaki und Pak Choi 56
Trüffeljus 213
Trüffelvinaigrette 36

Vinaigrette 213

Wirsinglasagne 205
Wolfsbarsch im Bananenblatt mit Entenfett 157

IMPRESSUM

Ich danke all denen, die mich unterstützen und an mich glauben. In erster Linie aber meiner Familie, insbesondere meiner Frau Tanja und meinem Sohn Luis, die mir stets den Rücken freihalten.

Ein besonderes Dankeschön geht an die Firma ASA Selection GmbH für die freundliche Unterstützung und die Zurverfügungstellung des abgebildeten Geschirrs.
Ein weiterer Dank geht an Hill's Früchte Adam Schneble für die gute Zusammenarbeit.

Michael Kammermeier

ENTE DAS KOCHBUCH
Michael Kammermeier

HERAUSGEBER: Ralf Frenzel

www.tretorri.de

IDEE, KONZEPTION UND UMSETZUNG:
Tre Torri Verlag GmbH, Wiesbaden

GESTALTUNG UND ARTWORK: Guido Bittner, Wiesbaden
FOTOGRAFIE: Guido Bittner, Wiesbaden
REINZEICHNUNG: Peter Winkelmann, Wiesbaden
LEKTORAT: Sylvia Winnewisser, Wiesbaden
REPRODUKTION: Lorenz & Zeller, Inning a. A.

ISBN 978-3-944628-17-2

FSC www.fsc.org MIX Papier aus verantwortungsvollen Quellen FSC® C089473

PRINTED IN GERMANY
Gedruckt wurde auf FSC®-zertifiziertem 150 g/qm Bilderdruckpapier.